ERFURT

ANDREAS SCHARECK

WEITERE REISEFÜHRER AUS UNSERER REIHE

Altmark • Halle (Saale) • Der Lutherweg • Magdeburg • Merseburg •
Musikleben in Sachsen-Anhalt • Die Weinstraße Saale-Unstrut •
Wittenberg – Dessau – Wörlitz. Die UNESCO-Welterbestätten

mitteldeutscher verlag

Fachwerkhäuser auf der Westseite des Domplatzes

★ 5 TOP-TIPPS

DOM- UND PETERSBERG

Der Dom St. Marien und die St.-Severi-Kirche prägen den Domberg und die Silhouette der Stadt. Gleich daneben bietet der Petersberg von seinen hohen Mauern der Zitadelle einen Rundblick auf die Stadt.   S. 13 und 22

KRÄMERBRÜCKE

Reges Treiben in einer engen Straße mit originellen Läden und Gewerken – doch es ist die auf beiden Seiten mit Häusern bebaute Krämerbrücke, die einzige Brücke dieser Art, von der man kein Wasser sehen kann.   S. 50

ALTE SYNAGOGE UND ERFURTER SCHATZ

Die Dauerausstellung in einer der ältesten Synagogen Europas zeigt mit dem „Erfurter Schatz" kostbare Gold- und Silberschmiedearbeiten aus dem Mittelalter und gibt Einblick in die Geschichte einer ehemals bedeutenden Gemeinde.   S. 57

AUGUSTINERKLOSTER MIT AUGUSTINERKIRCHE

Als außerordentliches Baudenkmal mittelalterlicher Ordensbaukunst einerseits und als bedeutende Lutherstätte andererseits, in der Luther als Mönch arbeitete und betete, ist das Augustinerkloster ein Kulturdenkmal von nationaler Bedeutung.   S. 62

egapark ERFURT

Der große Blumen- und Gartenpark lockt mit Rosengarten, Japanischem Fels- und Wassergarten, Kakteen-, Schmetterlings- und tropischem Pflanzenschauhaus, Gartenbaumuseum, riesigem Abenteuerspielplatz und Skulpturengarten.   S. 89

★ 5 ENTDECKER-TIPPS

PREDIGERKIRCHE

Die ehemalige Klosterkirche der Dominikaner ist ein herausragendes Beispiel frühgotischer Sakralbauten der Bettelorden. Sie besticht in ihrer klaren Struktur und gibt Zeugnis vom Selbstverständnis des Ordens. S. 85

ÜBER DIE LANGE BRÜCKE ZUM HIRSCHGARTEN

Zum Einkaufsbummel lockt die Lange Brücke mit ihren schicken Boutiquen. Erholung findet man anschließend im Hirschgarten vor der barocken Kulisse der Staatskanzlei in der sich Napoleon und Goethe begegneten. S. 81

AQUARIUM ERFURT

Deutschlands größte Sammlung an Süßwasserfischen findet sich in Erfurt. Über 3.000 Tiere in 500 Arten sind hier zu Hause. Highlight ist das Riffaquarium mit 54.000 Litern Fassungsvermögen und über 200 Meeresbewohnern. S. 90

MICHAELISSTRASSE

Geschichte zum Anfassen findet sich mit Alter Universität, Michaeliskirche und Michaelishof sowie dem Kulturhof Krönbacken, zahlreiche Restaurants und Bars laden ein zum Verweilen und Genießen. ab S. 31

ERFURTER CARILLON

Das Erfurter Glockenspiel zählt mit seinen 60 Glocken zu den wenigen Fünfoktaven-Carillons in Europa. Es erklingt täglich um 10, 12 und 18 Uhr. In den Sommermonaten spielt an jedem zweiten Samstag von 16 bis 16.45 Uhr ein Carilloneur. S. 77

ERFURT –
PULSIEREND UND CHARMANT

Herzlich willkommen in Erfurt, der Blumenstadt, dem turmgekrönten Erfurt, dem thüringischen Rom, in Klein-Venedig, im Bologna des Nordens, der Landeshauptstadt, der Lutherstadt, der Domstadt, der Bischofsstadt, der Hochschulstadt, dem Kinder-Medien-Standort, der Solarstadt und in einer Stadt, die sogar im Weltall bekannt ist, denn es gibt auch einen Asteroiden „Erfordia", der um die Sonne kreist.

In der fruchtbaren Gera-Aue gelegen, gekreuzt von wichtigsten Handelsstraßen und im Schutz einer Königspfalz entwickelte sich Erfurt zu einem bedeutenden Handels- und Marktplatz. Bereits 742 wurde dieser Ort dem Papst in Rom als geeignet für den Sitz eines Bischofs angepriesen. Die erste urkundliche Benennung Erfurts liegt mit dem schriftlichen Bittbrief zur Bistums-

▲ Maus und Elefant auf dem Anger vor der Hauptpost
◄ Häuser der Krämerbrücke von der Rathausbrücke aus gesehen

gründung des Missionars Bonifatius an den römischen Papst vor.

Die Stadt wuchs und wurde zu einer der größten und reichsten Städte des Mittelalters. Davon zeugen heute noch die prächtigen Bürgerbauten und zahlreichen Kirchen. Die Stadtkrone mit Dom und Severi-Kirche sowie die häuserbebaute Krämerbrücke sind einzigartige Beispiele mittelalterlicher Baukunst.

Die heutige Landeshauptstadt und größte Stadt Thüringens verfügt über schnelle Verkehrsanbindungen. Über den Flughafen, die Autobahnen und mit dem ICE leiten viele Wege in die Mitte Deutschlands: nach Erfurt.

„IN ERFURT IST GUT WOHNEN"

Dieser Ausspruch von Karl Theodor von Dalberg, der Ende des 18. Jahrhundert lange Stadthalter in Erfurt war, gilt bis heute, macht er doch deutlich, was viele bedeutende Persönlichkeiten bis in die jetzige Zeit mit dieser Stadt verbindet. Ob als Handelszentrum, Wirtschafts- und Wissenschaftsstandort, politische Größe, strategisch günstiger Platz oder kulturelles und geistiges Zentrum – Erfurt war und ist anziehend. Mehrmals weilten hier Könige und Kaiser. Auf Hof- und Reichstagen wurden politische Entscheidungen getroffen, die Weichen stellten. König Heinrich I. bestimmte 936 sei-

nen Sohn Otto I. als seinen Nachfolger. Heinrich der Löwe, Herzog von Bayern unterwarf sich dem Kaiser Friedrich I. Barbarossa 1181 bei dem Reichstag im Peterskloster. Der bedeutendste Mystiker des Mittelalters – Meister Eckart – wirkte im Dominikanerkloster. Der Reformator Martin Luther eignete sich während seiner Studien- und Mönchsjahre hier die Grundlagen für seine spätere Weltsicht und Theologie an. Adam Ries schrieb in Erfurt sein wichtigstes Werk, ein deutschsprachiges Rechenbuch. Die Erfurter Humanisten um Eobanus Hessus und Ulrich von Hutten prägten das kritische Denken gegenüber der Scholastik. Gustav II. Adolf von Schweden nutzte die Stadt als militärstrategischen Punkt. Christoph Martin Wieland lehrte als Philosophieprofessor erfolgreich an der Universität. Herder, Wilhelm von Humboldt, Goethe und Schiller pflegten hier den geistigen Austausch mit den Bürgern. Napoleon sah und nutzte den militärischen Vorteil der Stadt. Mit dem Fürstenkongress 1808 hob er Erfurt auf die europäische Politbühne, und Zar Alexander I. von Russland wie auch deutsche Könige und gekrönte Häupter des Rheinbundes folgten seiner Einladung in die Domstadt an der Gera. Der spätere Reichskanzler Bismarck machte auf dem Erfurter Unionsparlament 1850 die ersten politischen Erfahrungen. Nicht zu-

Über den Dächern der Stadt – Blick vom Turm der Ägidienkirche auf den Wenigemarkt

letzt begann mit dem Besuch von Willy Brandt im März 1970 die neue Ostpolitik und der Prozess der Wiedervereinigung Deutschlands. Und auch heute gehen besondere Impulse von der Thüringer Landeshauptstadt aus.

Der Standort Erfurt hat Anziehungskraft, die ungebrochen weiterwirkt. So präsentiert die Blumenstadt mit der „ega" den größten Garten Thüringens und das einzige Gartenbaumuseum Deutschlands. Der Kinderkanal KI.KA produziert das öffentlich-rechtliche Kinderfernsehprogramm am Kindermedienstandort Erfurt. Mit über 25.000 m² Ausstellungsfläche sichert die „Messe Erfurt" als Konzert- und Messehalle der Stadt Musik, Show und Kongresse auf internationalem Niveau. Das Bundesarbeitsgericht verfügt hier über einen zentralen Platz in der Republik. Weitere Standortvorteile bietet die Stadt mit dem Sitz der Landesregierung, als verkehrsgünstiger Wirtschaftsstandort in der Mitte Deutschlands, insbesondere als Standort der Solarindustrie, als Wissenschaftsstandort mit einzigartigen Fachbereichen an Universität und Fachhochschule, als Kulturstadt mit Theater und Oper, als Sportstadt mit Stadion und moderner Eissporthalle und nicht zuletzt als attraktive Wohn- und Einkaufsstadt.

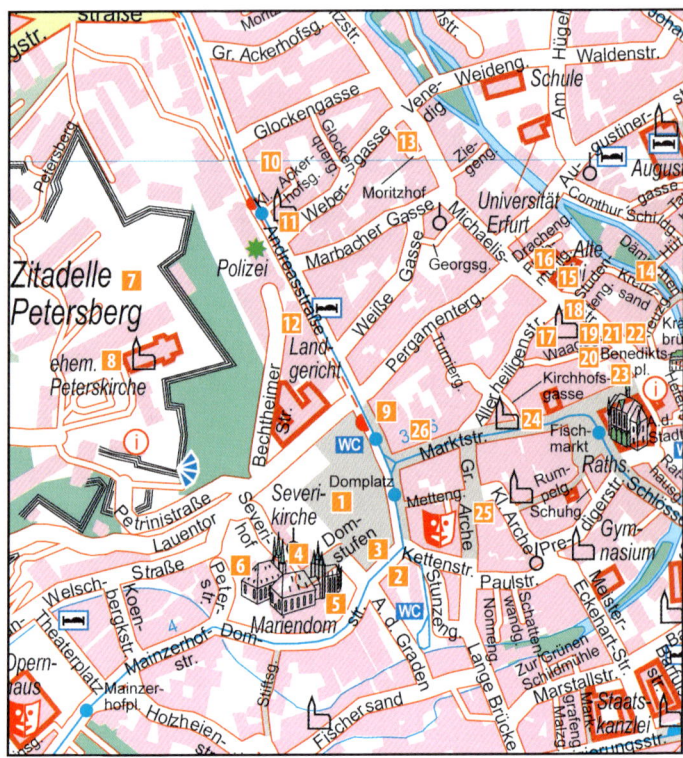

DOMBERG – PETERSBERG – ANDREASVIERTEL

1 DOMPLATZ S. 10

Mit fast 35.000 m² ist der Domplatz der größte Marktplatz Deutschlands und einer der größten Europas. Er ist mit dunklen Steinen gepflastert, doch die Pflasterung ändert sich nach rechts, denn auf diesem Teil des Domplatzes standen kleinere Häuser. Mehr als die Hälfte des Platzes war bis 1813 be-

▲ Der St.-Marien-Dom (links) und die St.-Severi-Kirche (rechts) auf dem Domberg

baut. Nachdem Napoleon und sein Heer in der Völkerschlacht bei Leipzig ihre große Niederlage erfuhren, zog sich seine geschlagene Armee gen Westen – z. T. auch über Erfurt – zurück. Die Verbündeten Preußen, Österreich und Russland stellten ihre Kanonen vor den Stadtmauern auf und beschossen die etwa 2.500 Franzosen, die sich in der Festung Petersberg verschanzt hatten. Die Festung nahm kaum Schaden, doch das romanische Peterskloster und der früher zur Hälfte bebaute Domplatz wurden zerstört. Die Preußen nahmen die Stadt ein, bauten die zerstörten Häuser jedoch nicht wieder auf. So entstand dieser riesige Platz, der heute als Marktplatz dient und auf dem viele Großveranstaltungen stattfinden.

Die Mitte des Domplatzes überragt der 18 m hohe Erthal-Obelisk. 1777 errichtet, erinnert er an den Mainzer Erzbischof Friedrich Karl Joseph von Erthal (* 1719; † 1802) und seinen ersten Erfurt-Aufenthalt in diesem Jahr.

2 DAS GASTHAUS ZUR HOHEN LILIE S. 10

Auf der linken Häuserseite des Platzes fällt das „Haus zur Hohen Lilie" mit seiner grünen Fassung ins Auge. Durch den großen Stadtbrand (1472) fast völlig zerstört, wurde es 1478 unter Einbeziehung des Kellerbereiches (13. Jh.) wieder aufgebaut. Die Fassadengestaltung verdankt das Haus weitestgehend den Veränderungen von 1538 durch den Ratsherrn Hans Ludolf. Als massiver Putzbau hebt sich das älteste Renaissancegebäude mit Schweifgiebel in Erfurt deutlich von den kleineren Fachwerkhäusern ab. Ein prächtiges Gewändenischenportal in rechteckigem Rahmen zeigt in den Zwickeln links ein Christus- und rechts ein Paulusmedaillon.

Die Ersterwähnung von 1341 weist die „Hohe Lilie" als ältestes Gasthaus der Stadt und Thüringens aus. Auch die Gästeliste kann sich sehen lassen, denn hier nahmen historische Persönlichkeiten wie Herzog Christoph von Braunschweig/Erzbischof von Bremen (1341), Kurfürst August von Sachsen (1578), Kurfürst Christian I. von Sachsen (1586), König Gustav II. Adolf von Schweden während des Dreißigjährigen Krieges 1631/1632, König Jerome von Westfalen während des Fürstenkongresses 1808, König Friedrich Wilhelm III. von Preußen mit Königin Luise (1817) Quartier.

Domplatz 31

Renaissancefassade am „Haus zur Hohen Lilie"

DIE SCHÖNSTE GLOCKE DER WELT

Im mittleren gotischen Domturm hängt die größte, frei schwingende Glocke des Mittelalters, die Gloriosa – „die Ruhmreiche". Sie ist 2,62 m hoch, 2,57 m im Durchmesser, wiegt fast 11 ½ t (ohne Klöppel) und hat eine Schlagringstärke von 18,1 cm. Ihr Klang mit dem Schlagton (tiefes E) ist einzigartig und gilt unter Fachleuten als der schönste der Welt. Vom holländischen Glockenmeister Gerhard Wou (* um 1450, † 1527) wurde sie 1497 auf dem Domberg zwischen den beiden Kirchen gegossen. Zwei Tage benötigte man, um die Glocke durch die aufgebrochenen Gewölbe in den Mittelturm hinaufzuziehen. Nur noch neun Mal im Jahr wird sie an den großen Feiertagen geläutet. Die Glorisa erklingt am 25. Dezember, zu Neujahr, am Dienstag vor Ostern, Ostersonntag, Pfingstsonntag, am 15. August zu Mariä Himmelfahrt, dem Patronatsfest des Domes, am 10. November, dem Vorabend des Martinstages sowie zur Priesterweihe und Bistumswallfahrt. Information: Gloriosa-Führungen und Läuteordnung • Tel.: (03 61) 6 46 12 65
Apr.–Okt. Do. 9–13 Uhr, Fr. 13–16 Uhr, Sa. 11–16 Uhr, So. 13–16 Uhr, außer am ersten Wochenende im Monat

3 MINERVA-BRUNNEN S. 10

Von den einst 55 Laufbrunnen der Stadt ist nur noch einer übrig. Er steht linker Hand des Doms und ihn ziert das Standbild der Minerva. Die Römer vertrauten Minerva den Schutz ihrer Hauptstadt Rom sowie die Kunst und Wissenschaft an. Auch die Erfurter „vereinnahmten" die Schöne, Kluge und Wehrhafte. 1784 von einem unbekannten Künstler geschaffen, steht sie als Symbol für das aufklärerische Streben der Erfurter Bürger.
Domplatz

4 DOMBERG S. 10
★ TOP-TIPP

70 Domstufen führen hinauf zu Dom und Severi-Kirche und bieten eine einmalige Kulisse für zahlreiche Veranstaltungen auf dem Domplatz.

Der Domplatz wird von der monumentalen Baugruppe der beiden großen Kirchen dominiert, links der Dom „St. Marien" und die „St.-Severi-Kirche" rechts – beide katholisch. Über 73 m misst der mittlere Turm der Severi-Kirche, der des Domes fast 69 m und der mächtige Chorunterbau (Kavaten) über 12 m. Somit ragt die höchste Turmspitze des Domes gute 81, die von Severi fast 86 m über den Domplatz gen Himmel. Der Dom ist seit Gründung des neuen Erfurter Bistums (1994) Kathedralkirche.

Trotzdem der Domplatz so viel Raum bietet, stehen die Kirchen sehr eng beieinander und bilden ein einmaliges Bauensemble in Europa. Wahrscheinlich ließ Bonifatius bereits vor der Gründung des Erfurter Bistums 725 eine Kirche auf dem Domberg bauen. Reste der kleineren Kirche werden unter dem heutigen Dom vermutet (Grundmauern aus dem 8./9. Jh. sind nachweisbar). Rechts stand eine kleine Klosterkirche der Benediktinerinnen. Während der folgenden Jahrhunderte wurden die Kirchen abgetragen und vergrößert. Da der Berg keine große Fläche bot, nutzte man jeweils die alten Standorte. Die Grundrisse wurden größer und so „rückten" die Bauwerke immer näher zueinander. An der engsten Stelle sind Dom und Severi-Kirche keine 5 m voneinander entfernt. Der letzte Vorgängerbau des Domes endete mit Türmen zum Platz hin. In der Gotik plante man, noch größer und schöner zu bauen. Dazu erweiterte man den Berg mit riesigen Steinmauern, die drei Stockwerke bilden, die „Kavaten". Zusätzlich trägt ein Tonnengewölbe eine Plattform (1349 vollendet), die Prozessionen und Pilgern das Umschreiten des Chores ermöglichte. Im obersten Stockwerk der Mauern befindet sich eine Kirche – die Krypta – 1353 geweiht. Der Ab- und Aufstieg von den Kavaten in die Krypta zum Schrein mit den Gebeinen des hl. Adolar und des hl. Eoban – Weggefährten des hl. Bonifatius – war in ein Wallfahrkonzept eingebunden. Über der Krypta erhebt sich der um 1370 fertiggestellte hochgotische Chor mit seinen knapp

18 m hohen Fenstern. Die Wandflächen des „Hohen Chores" scheinen völlig in die 15 Glasfenster aufgelöst. Schon während der Bauarbeiten, die den Domberg erweiterten, entstanden auch die Domstufen und das „Triangelportal" (1337 vollendet). Da beide Kirchen am Rand der mittelalterlichen Stadt lagen, lohnten prächtige Eingangsportale auf der der Stadt abgewandten Westseite nicht.

Das Westportal des Domes und die Treppenanlage auf der Westseite des Domberges wurden erst am Ende des 19. Jahrhunderts errichtet.

Tel.: (03 61) 6 46 12 65
www.dom-erfurt.de
Mai–Okt. Mo.–Sa. 9–18 Uhr, So./ Feiertag 13–18 Uhr, Nov.–Apr. Mo.–Sa. 10–17 Uhr, So./Feiertag 13–17 Uhr

5 DOM ST.-MARIEN   S. 10

Das Triangelportal des katholischen Domes bildet die Krone der Domstufen. Portal und Stufen erreichen als ein architektonisches Gesamtkonzept eine imposante Wirkung. In der dem Domplatz zugewandten Portalseite (Ostseite) empfangen die 12 Apostel den Besucher.

Maria, die Hauptpatronin der Kirche, steht mit Jesuskind auf dem Arm als zentrale Figur am Mittel-

▶ An der engsten Stelle sind Dom und St. Severi keine 5 m voneinander entfernt

pfeiler. Liebevoll neigt die Mutter sich ihrem Sohn zu. Auch in der Darstellung darüber ist Maria zu erkennen. Sie steht nun in tiefstem Schmerz unter ihrem gekreuzigten Sohn, ihr zur Seite der Apostel Johannes. Ursprünglich befanden sich Maria rechts und Johannes links, sodass ihre Kopfneigungen sinnvoll dem Kreuz zugewandt waren. Auf der Westseite des Triangel ist thematisch das Weltgericht verarbeitet. Der Sieger über den Tod, der auferstandene Christus zeigt seine Wundmale in den erhobenen Handflächen und die klaffende Lanzenstichwunde am freien Oberkörper. In verkleinertem Maßstab steht Jesus am Kreuz als der „Menschensohn" zu Füßen des „Gottssohnes". Diese theologische Deutung des Weihnachts- und Osterfestes ist kunstvoll in Stein gemeißelt. Maria und Johannes der Täufer stehen neben dem weltrichtenden Christus.

Auch die „klugen und törichten Jungfrauen" passen zum Thema. Fünf Damen gossen zu wenig Öl auf die Lampen und sie erloschen bald. Sie waren unzureichend vorbereitet, denn der erwartete Bräutigam verspätete sich. Ihre Verzweiflung und Trauer zeigt sich dramatisch. Der Bräutigam steht im Gleichnis Jesu für das nahende Weltgericht (Matthäus 25,1–12).

Geht man durch das Apostelportal in den Dom und biegt links in den schmalen „Chorhals", entsteht mit jedem Schritt der „Hohe Chor" als lang gestreckter Saalbau vor dem Auge des Betrachters. Am Ende des Chorhalses, der heute die Verbindung zwischen Langhaus und dem Hohen Chor herstellt, schloss den romanischen Vorgängerbau (1154–1237) eine gerade Chorwand zwischen der ursprünglichen Doppelturmanlage ab. Einen ersten kleinen gotischen Chorraum (1290 vollendet/geweiht) riss man schon kurz nach Fertigstellung 1337 wieder ab, um diesen, den wesentlich größeren Hohen Chor, zu bauen (1370/72 vollendet). Die lichte Höhe des Raumes beträgt 25 m, die Breite 13,5 m und die Länge 33 m. Die farbigen Glasfenster sind als Bildzyklus (1380–1420) fast vollständig erhalten und in Deutschland einmalig. Eine weitere Kostbarkeit des Domes zeigt sich im reich geschnitzten Chorgestühl (Untersuchungen zum Holz des Chorgestühls datieren die Fällung der Eichen auf 1328/9). Der barocke Hochaltar aus Holz (über 16 m hoch und 13 m breit) wurde 1697 eingebaut.

Auf dem Rückweg durch den „Chorhals" entdeckt man am linken Ende unter offenem Gewölbe die romanische „Stuckmadonna" (um 1160). Im halbkreisförmigen Stuckrelief links und rechts sind je vier Märtyrer mit Palmenzweigen, darüber die bei-

Westseite des Triangelportals, fünf „törichte Jungfrauen" (links) und „Synagoge"

den Bischöfe hl. Adolar und hl. Eoban sowie Christus in der Mitte zu sehen.

Weitere Kostbarkeiten findet man weiter links im Hauptschiff. An der Ostwand der hohe Sakramentsschrein aus Sandstein um 1570/80 und davor der sogenannte „Wolfram" (um 1160). Der frei stehende Bronzeguss (ca. 1,5 m) gilt mit dem Braunschweiger Löwen als älteste hohl gegossene Großbronze des Mittelalters.

Die Kopie einer spätromanischen jüdischen Sabbatampel (Original um 1200 im Domschatz) und das Heilige Grab – Truhe um 1450/60, der überlebensgroße Corpus ist vielleicht noch älter – eröffnen die Reihe der Kunstschätze im Hauptschiff des Domes. Ein monumentales Wandbild – über 50 m² – des hl. Christophorus wurde 1499 (Jahreszahl mittig unterer Bildrand) vom Domdechanten Markus Becker gestiftet. Auf Kopfhöhe von Christophorus rechts im Hintergrund findet sich eine Darstellung des Erfurter Domes, die die ehemals mittelalterliche Turmbemalung des Domes erkennen lässt. Unter dem Bild steht die Deckelplatte einer ehemaligen Tumba für den Grafen von Gleichen, sie gilt als älteste Grabplatte von Erfurt (um 1250–1275 entstanden). Bis 1813 war sie in der Peterskirche auf dem Petersberg. Um ihn rankt sich die Sage des „zweibeweibten" Grafen von Gleichen.

Ein vom Erfurter Patrizier und erzbischöflichen Viztum (Stellvertreter des Mainzer Erzbischofs in Erfurt) Johann von Allenblumen († 1432) für sich selbst gestiftetes Reliefepitaph zeigt im oberen Teil die Anbetung der Hl. Drei Könige und im unteren das Stifterehepaar. Eine Grabplatte des Erfurter Weihbischofs Johann Bonemilch von Laasphe († 1510) verdient Aufmerksamkeit. Bronzene Teile, die der steinernen Platte aufgesetzt sind, zeigen den Verstorbenen in geistlichem Ornat.

An der Westseite des Kirchenschiffes steht auf einer Empore die 1992 von der Potsdamer Firma Alexander Schuke erbaute Hauptorgel. Einige Register der romantischen Vorgängerorgel (Klais-Orgel von 1906, in den 1950er Jahren aus dem Dom entfernt) wurden dabei wieder verwendet. Die in der Fachwelt gelobte Schuke-Orgel besitzt 63 Register auf drei Manualen und Pedal (mechanische Tontraktur und elektrische Registertraktur). Sie ist ein symphonisches Instrument und entwickelt eine gewaltige Klangpracht. Vom Spieltisch der Hauptorgel kann auch die Chororgel (29 Register auf zwei Manualen und Pedal) zu einem reizvollen Effekt mit einbezogen werden.

◀ Der barocke Hochaltar im
Hohen Chor des Domes

Die Chororgel hat aber auch einen eigenen Spieltisch. Beide Orgeln zusammen haben fast 7.000 Pfeifen (Hauptorgel ca. 4.400 und Chororgel ca. 2.500).

Unter der Empore stehend, wird die Dimension dieser Kirche mit 88 m Länge einsehbar. Das Hauptschiff wurde nach zehn Jahren Bauzeit 1465 vollendet und ersetzte den romanischen Vorgängerbau. Die Ausdehnung des ehemals romanischen Querschiffes gab beim spätgotischen Neubau die Breite der Seitenschiffe vor. Auf den Fundamenten des romanischen Mittelschiffes errichtete man die Säulen der gotischen Halle, deshalb ist das Mittelschiff schmaler als die Seitenschiffe. Eine Verlängerung des Langhauses nach Westen verhinderte – wie auch bei der Severi-Kirche – der steil abfallende Domberg. Im nördlichen Seitenschiff steht die bis zum Gewölbe reichende „Taufe". Dieses bedeutende Spätrenalssancewerk stiftete 1587 der katholische Dompropst Konrad Breyttenbach. Ausgeführt wurde es vom besten Bildhauer Erfurts, dem protestantischen Künstler Hans Friedemann d. Ä. Das Gehäuse schuf Hieronymus Preußer. Teile des Chorgestühls aus der ehemaligen Kartäuserkirche stehen an der Nordwand. Links vom Portal ist die Kopie einer Pieta (Original im Domschatz, um 1360) zu sehen, rechts davon befinden sich drei spätgotische farbig gefasste Schnitzreliefs aus einer Erfurter Werkstatt um 1470. Sie zeigen die Geburt Christi, die Anbetung der drei Könige und die Ausgießung des Heiligen Geistes/Pfingstereignis. Über dem Portal sind weitere spätgotische Schnitzfiguren angebracht: aus einer Kreuzigungsgruppe Maria und Johannes sowie Laurentius. Der Katharinenaltar unter dem steinernen Ziborium zeigt die von Lucas Cranach d. Ä. um 1520/30 gemalte „Verlobung der hl. Katharina". Die großen gebogenen Gemälde der Langhauspfeiler stammen aus dem 16. Jahrhundert. Verlässt man den Dom über das Triangelportal, breitet sich rechter Hand die Plattform der Kavaten aus. An der Unterkante der Nordwand des Hohen Chores befindet sich der Abstieg zur Krypta. Hier ruhen die Gebeine des hl. Adolar und des hl. Eoban in einer Tumba (um 1350).

6 ST.-SEVERI-KIRCHE S. 10

Der Raumeindruck in der katholischen Severi-Kirche, die als fünfschiffige gotische Hallenkirche mit schlanken Säulen angelegt wurde, ist überwältigend.

Auch hier gibt es zahlreiche Kunstwerke, wie Johannes der Täufer (Skulptur um 1363), eine Figur des hl. Severus (um 1375), eine Figur der hl. Katharina (um 1460), eine Pietà (um 1480), einen dreiteiligen Marienaltar im Nordflügel (1510), eine Epitaphkanzel (1576), einen Hochaltar (1670/80), einen Orgelprospekt (1714), die Klais-Orgel (1930) und den Schmerzensmann von Hildegard Hendrichs aus Erfurt (1953). Als besondere Kunstwerke gelten die Madonna des Meisters Johann Gerhart (um 1340), der Severisarkophag (um 1360/70) und insbesondere dessen Deckplatte (Original an der Ostseite des südlichen Seitenschiffes), ein Taufbecken mit einem 15 m hohen Sandsteinbaldachin (1467) und ein Alabasterrelief mit dem Erzengel Michael (1467) – die beiden letztgenannten wahrscheinlich vom selben Meister geschaffen. Die Severi-Kirche kann auf eine Glockenfülle verweisen, die ihresgleichen sucht – fünf stammen aus dem späten 15. Jahrhundert und fünf sind von 1952 bzw. 1962.

Zur frühen Baugeschichte der Kirche sind keine schriftlichen Quellen vorhanden. Von mindestens einem Vorgängerbau kann man jedoch ausgehen. Ein Benediktiner-Nonnenkloster „St. Paul" existierte wahrscheinlich schon im 8. Jahrhundert. 836 werden die Reliquien des Bischofs von Ravenna, dem hl. Severus, dem späteren Patron der Kirche St. Severi, seiner Frau, der hl. Vincentia, und seiner Tochter, der hl. Innocentia, in das Kloster überführt. Severus wird neben dem Apostel Paulus zum zweiten Kirchenpatron

Die Turmgruppe der St.-Severi-Kirche hinter dem Minerva-Brunnen

erhoben. Trotz wiederholter Reparaturen zeigte sich zunehmende Baufälligkeit. Bischöfe im ganzen Reich förderten über Ablass-Brief-Einnahmen den Neubau der Severi-Kirche. Der ursprünglich romanische Bau ist heute noch am Grundriss der gotischen Kirche erkennbar. Er besaß im Westen und im Osten einen Chorraum – eine dreischiffige Basilika mit zwei Chören und zusätzlich mit zwei Querhäusern, eins im Osten und eins im Westen. Dem stadtzugewandten östlichen Chorraum stand je ein Turm zur Seite – man folgte dem Beispiel der Peterskirche auf dem Petersberg und der Nachbarkirche,

dem Dom St. Marien. Um 1275 begonnen, wurde mit der Vollendung dieses fünfschiffigen Raumes in der zweiten Hälfte des 14. Jahrhunderts der Typ der spätgotischen Hallenkirche schon vorweggenommen. Beim großen Stadtbrand von 1472 nahm auch die Kirche Schaden. Danach wurden das gewaltige spätgotische Walmdach aufgesetzt, die brandgeschädigten Seitentürme erneuert und der Mittelturm errichtet. Während der „Schwedenzeit" im Dreißigjährigen Krieg war die Severi-Kirche von 1633 bis 1635 in protestantischer Nutzung.

Öffnungszeiten siehe Dom (s. S. 14)

7 PETERSBERG MIT DER ZITADELLE PETERSBERG   S. 10
★ TOP-TIPP

Der Domberg und der Petersberg gehören nicht nur als geografische Ausläufer der Alacher Höhe zusammen. Sie bilden auch architektonische Höhepunkte und dominieren seit vielen Jahrhunderten das Stadtbild.

Die Zitadelle ist die steingewordene Manifestation der Herrschaft des Mainzer Erzbischofs und Kurfürsten Johann Philipp von Schönborn über die Stadt. Nach dem Dreißigjährigen Krieg hatte Erfurt den Herrschaftsanspruch des Mainzer Kurfürsten abgelehnt. Der „Mainzer" intervenierte beim Kaiser und der verhängte zur Strafe die Reichsacht über die Stadt. Das bedeutete,

dass die Stadt „vogelfrei" war – der Nächste, der sie eroberte, dem würde sie gehören. Der Mainzer Erzbischof selbst vollzog die Reichsacht und belagerte Erfurt 1664 mit 15.000 Soldaten. Die Stadt kapitulierte, der Kurfürst war nun unumschränkter Herrscher in Erfurt. Das führte zu einem deutlichen Machtverlust des mittelalterlichen reichen Erfurts, das nun zur abhängigen „Provinz" von Mainz degradiert wurde. Zur Stärkung und Verteidigung seiner Machtposition ließen Johann Philipp von Schönborn und seine Nachfolger diese Festung bauen. In zwei Bauphasen entstand eine riesige Zitadelle (über 150.000 m^2), die mit Mainz, Würzburg und Kronach zu den am besten erhaltenen barocken Stadtfestungen in Deutschland und

Der Blick vom „Balkon der Stadt", der Bastion „Leonhard" auf der Zitadelle Petersberg

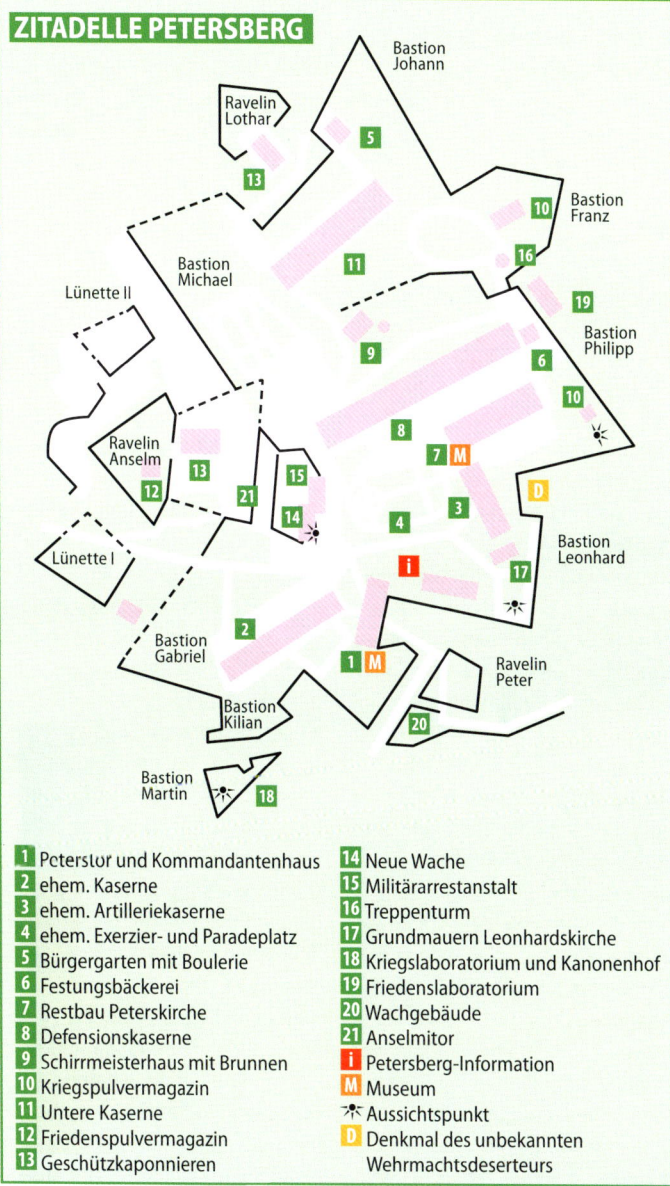

ZITADELLE PETERSBERG

Bastion Johann

Ravelin Lothar

Bastion Franz

Bastion Michael

Lünette II

Bastion Philipp

Bastion Leonhard

Ravelin Anselm

Lünette I

Bastion Gabriel

Ravelin Peter

Bastion Kilian

Bastion Martin

1. Peterstor und Kommandantenhaus
2. ehem. Kaserne
3. ehem. Artilleriekaserne
4. ehem. Exerzier- und Paradeplatz
5. Bürgergarten mit Boulerie
6. Festungsbäckerei
7. Restbau Peterskirche
8. Defensionskaserne
9. Schirrmeisterhaus mit Brunnen
10. Kriegspulvermagazin
11. Untere Kaserne
12. Friedenspulvermagazin
13. Geschützkaponnieren
14. Neue Wache
15. Militärarrestanstalt
16. Treppenturm
17. Grundmauern Leonhardskirche
18. Kriegslaboratorium und Kanonenhof
19. Friedenslaboratorium
20. Wachgebäude
21. Anselmitor
i Petersberg-Information
M Museum
☀ Aussichtspunkt
D Denkmal des unbekannten Wehrmachtsdeserteurs

Mitteleuropa zählt. In einer ersten Bauphase entstand 1665 bis 1707 unter Leitung des italienischen Baumeisters Antonio Petrini die der Stadt zugewandte Seite. Aus dieser Zeit stammt auch das Peterstor mit dem Kommandantenhaus, in dem sich heute ein Museum befindet. In einer zweiten Ausbauphase (1707–1726) wurde nach Plänen des Architekten Maximilian von Welsch die Festung perfektioniert. Die sternförmig angelegte Zitadelle galt als die modernste Anlage ihrer Zeit und als uneinnehmbar. Der unterirdische Minengang der Festung kann bei einer Führung über die Erfurt-Tourist-Information besichtigt werden. Als Hohlgang durchzieht er die mächtigen und über 2 km langen Mauern ebenerdig. Er diente als Horchgang und wurde von Soldaten bewacht. Heute bieten Führungen zu später Stunde im Schein der Fackeln einen besonderen Reiz.

Für interessierte Besucher steht die Petersberg-Information auf dem Festungsplateau für weitere Auskünfte zur Verfügung.

Über dem Petersbergtor prangt das prächtige Wappen des Mainzer Erzbischofs und Kurfürst Johann Philipp von Schönborn. Im vorderen Torbereich befindet sich links der Eingang zu einem kleinen militärhistorischen Museum.

Dem ansteigenden Weg durch das Peterstor folgend, erreicht man rechter Hand das Plateau des Berges mit dem ehemaligen Exerzierplatz, weiter rechts befindet sich die Petersberg-Information, ein moderner Bau des 21. Jahrhunderts. Der „Balkon der Stadt" (Bastion „Leonhard" – alle „Spitzen" der sternförmigen Anlage haben Namen) bietet einen Ausblick auf den Domplatz, den Domberg und die Stadt bis zum Ettersberg bei Weimar sowie zu den Gipfeln des Thüringer Waldes. Die überhängenden Wacherker auf den Ecken der Festungsmauer ermöglichten den Wachposten, die eigene Mauer einzusehen und Feinde unter Beschuss zu nehmen.

In einer Einbuchtung am Fuß der Mauer steht seit 1995 das *„Denkmal des unbekannten Wehrmachtdeserteurs"*. Es ist ein Denkmal ganz anders als die bekannten Kriegerdenkmale. Der Künstler Thomas Nicolai schuf diese Erinnerungsstätte. Er schreibt: „Die blinde Pflichterfüllung angesichts zahlreicher Kriegsverbrechen ist nicht ehrenhaft, die Desertion als Ausdruck der Verweigerung für ein verbrecherisches Regime keine Feigheit." Unter den acht Stelen fällt die durch Formgebung individualisierte auf, die den Deserteur in seiner Abkehr darstellt. Die übrigen sieben sind in harter starrer Form, wie Soldaten in Antreteordnung stillstehend ausgerichtet und bilden so den blinden Gehorsam ab.

Die Peterskirche auf dem Petersberg ist 74 m lang und 20 m breit

Am Boden verdeutlicht eine Bronzetafel: „Dem unbekannten Wehrmachtdeserteur – den Opfern der NS-Militärjustiz – allen, die sich dem Naziregime verweigerten."

8 PETERSKIRCHE   S. 10

Der Schutzpatron der Kirche, der hl. Petrus, gab dem Berg und dem einst bedeutendsten Kloster Thüringens den Namen. Wertvolle Handschriften aus der Schreibwerkstatt des Klosters zeugen bis heute in Hamburg, London und im Vatikan von einstiger Größe.

Chroniken sprechen von 1103 als Baubeginn der kreuzförmigen Basilika. Die Weihe der nach Hirsauer Bautradition errichteten Klosterkirche erfolgte 1147. Durch den Rückbau des Mittelschiffes im frühen 19. Jahrhundert auf die Höhe der Seitenschiffe und den Abriss der Kirchtürme wirkt die Klosterkirche gedrungen und gibt erst bei näherer Betrachtung ihre Bedeutung als Baudenkmal der Romanik preis. Mit der profanen Nutzung der Klosterkirche ab Anfang des 19. Jahrhunderts nahm man einen massiven Eingriff durch den Einbau quadratischer Fenster über die gesamte Länge der Kirche vor. Über den Kapitellen der Halbsäulen zieht sich der leicht abgesetzte romanische Schachbrett- und Rundbogenfries. Am südlichen Seitenschiff im Abschnitt des dritten Fensters (v. l.) wurde die ursprüngliche romanische Fassadengestaltung wiederhergestellt.

Das Südportal zeigt im Tympanon Spuren der romanischen Bemalung, über dem Portal eine Sonnenuhr und rechts ein Kreuzigungsrelief um 1370. Links unter dem Kreuz, das als „Lebensbaum" dargestellt ist, steht der Apostel Johannes, der Maria hält, und rechts der Kirchenpatron Petrus mit dem Schlüssel als Attribut.

An der rechten Ecke der Südwand stellt eine Ritzzeichnung den gegeißelten Jesus als „Schmerzensmann" (um 1360) mit Folterwerkzeugen und Wundmalen sowie den Stifter anbetend dar. Das Schriftband besagt mit einer der ältesten deutschsprachigen Inschriften in Großbuchstaben: CHRIST GERUHE ZU LABINE DI SELE DER BEGRABINE AMEN, was bedeutet, dass Christus die Seelen der Begrabenen weiterleben lasse. Heute beherbergt die ehemalige Kirche mit dem „FORUM KONKRETE KUNST", ein Museum für moderne Kunst.

Verlässt man den Petersberg durch das Haupttor, bietet sich ein interessanter Blick auf die Kirchen des Domberges.

Petersberg-Information auf dem Petersberg-Plateau: Tel.: (03 61) 6 01 53 84

Apr.–Okt., täglich 11–18.30 Uhr, Nov./Dez. täglich 11–16 Uhr

Information zu Petersberg-Führungen: Tel.: (03 61) 66 40-0

www.erfurt-tourismus.de

Öffentliche Führung: Sa. 14 Uhr, öffentliche Fackelführung: Mai–Okt. Fr./Sa. 19 Uhr, Treffpunkt: Erfurt-Tourist-Information, Benediktsplatz

---

FORUM KONKRETE KUNST

Internationale Sammlung moderner Kunst – Malerei, Grafik, Objekte, Installationen – als Dauerausstellung
Tel.: (03 61) 73 57 42
Mi.–So. 10–18 Uhr, freier Eintritt (Ausstellungen)

⁹ HAUS ZUM GOLDNEN EINHORN, HAUPTBIBLIOTHEK S. 10

An der Ecke Domplatz/Pergamentergasse steht ein herausragender Bau, das „Haus zum Goldnen Einhorn". Das 1905 bis 1908 nach Plänen des Erfurter Architekten Max Brockert errichtete Gebäude fällt durch seinen mächtigen Voluten-

„Haus zum Goldnen Einhorn"

26

Die Glockengasse im Andreasviertel

giebel auf. In die szenischen Darstellungen des Bildhauers Max Deutschmann ist der wesentlich ältere und dunklere Hauszeichenstein „Zu dem gulden Einhorn anno dni 1536" eingearbeitet. Der Bau weist eine wechselvolle Geschichte als Theater, Gaststätte, Wohnhaus mit Ladengeschäft bis hin zur Hauptbibliothek (seit 1966, heute mit etwa 340.000 Medien) auf.
Domplatz 1

🔟 ANDREASVIERTEL S. 10

Das Andreasviertel liegt im Norden der Altstadt und übt durch seine liebevoll restaurierten Fachwerkhäuser und gemütlichen Hinterhöfe einen ganz besonderen Reiz aus. Wer durch das Viertel spaziert, vergisst schnell, dass Erfurt eine Großstadt ist. Die schmalen Gassen und die niedriggeschossigen Häuschen erinnern eher an eine Dorfidylle. Vielleicht ist es gerade diese Atmosphäre, die das Viertel, das unweit des Domplatzes liegt, zu einem der beliebtesten Wohngebiete in Erfurt macht. Dabei wurde das Gebiet seit dem 12. Jahrhundert von Handwerkern bewohnt, sodass man prachtvolle Häuser, wie man sie zum Beispiel um den Fischmarkt herum findet, vergeblich sucht. Einige Straßennamen, wie etwa die Weber- oder Pergamentergasse, erinnern noch heute an die ehemaligen Bewohner dieses Quartiers.
Die Pläne, das Viertel Ende der 80er abzureißen, wurden nicht umge-

setzt, und so ist es einer Bürgerinitiative und wohl auch dem knappen Budget für derlei Bauvorhaben zu verdanken, dass das romantische Stadtgebiet noch heute steht.

Im Mittelalter befand sich neben den Wohnhäusern der Handwerker auch der jüdische Friedhof im Andreasviertel. Dort, wo heute die Große Ackerhofsgasse liegt, hatten einst die jüdischen Grabsteine ihren Platz. Als die Juden in der Mitte des 15. Jahrhunderts der Stadt verwiesen worden, errichtete man auf dem frei gewordenen Platz zunächst die städtische Scheune und später den Großen Kornspeicher. Die Grabsteine finden sich bis heute im gesamten damaligen Stadtgebiet wieder – als Baumaterial für Gebäude und Straßen.

Die Andreaskirche steht namensgebend für das Andreasviertel

11 ANDREASKIRCHE   S. 10

Schon am Eingang der Kirche beeindrucken das Kreuzigungsrelief und die Apostel Petrus (links) sowie Andreas (rechts) – hervorragende Arbeiten aus der Werkstatt des Meisters, der schon den Severisarkophag in der Severi-Kirche geschaffen hat. Ein Vorgängerbau der Andreaskirche wird 1182 genannt. Das Erscheinungsbild von heute stammt aus der Mitte des 14. Jahrhunderts, der Turm ist wahrscheinlich älter.

Im Innenraum steht der Saalkirche ein Kanzelaltar (1800/07) vor. Die aus mehreren Figuren bestehende Sandsteinarbeit „Beweinung Christi" stammt von 1440/50. Nach dem Tode Luthers beauftragte sein Landesvater, Kurfürst Johann Friedrich der Großmütige, die Erfurter Gießerwerkstatt Heinrich Ciegeler mit dem Guss einer Grabplatte. Das zur Herstellung der Bronzeplatte (1548) benötigte Holzmodell ist als ältestes Lutherdenkmal erhalten und in der Andreaskirche zu sehen. Die von Melchior Moeringk in Erfurt gegossene Andreasglocke ruft seit 1599 und ist ein Meisterwerk in Klang und Form.

Andreasstraße 14 (Eingang Webergasse)
Tel.: (03 61) 2 11 52 39
www.andreaskirche-erfurt.de
Mo.–Sa. 10–17 Uhr, So. 11–17 Uhr

12 EHEMALIGE STASI-
HAFTANSTALT   S. 10

Gegenüber der Kirche steht auf der Andreasstraße das 1949 errichtete Polizeigebäude. Dieses und das in Richtung Domplatz hinter hohen Ziegelmauern gelegene alte Stadtgefängnis sind für viele heute noch mit Erinnerungen an Angst und Schrecken verbunden. Das Ministerium für Staatssicherheit (MfS) besaß mit der Westseite der Andreasstraße vom Bezirksgericht (Domplatz/Andreasstraße) über „Stasi-Knast" bis hin zur Stasi-Zentrale eine geballte Front als Macht- und Schaltzentrale. Das ehemalige Gerichtsgefängnis wurde 1874 bis 1879 gebaut. In den Mauern des alten Gefängnisses befand sich ab 1952 eines der gefürchteten 17 Stasi-Untersuchungsgefängnisse der DDR. Bis 1989 wurden hier über 5.000 Menschen aus „politischen Gründen" eingesperrt.

Als Signal mit nationaler Auswirkung wirkte am 4. Dezember 1989 die erste Besetzung einer Stasi-Zentrale in Erfurt. Dicker, schwarzer Rauch aus den Schornsteinen der MfS-Bezirksverwaltung zeigte die Aktenvernichtung der Stasi an. Von der Bürgergruppe „Frauen für Veränderung" alarmiert, verschafften sich Hunderte Erfurter Zutritt und verhinderten die Vernichtung von Beweismaterial. Die Nachricht von dieser Vorgehensweise verbreitete sich wie ein Lauffeuer in anderen Städten der ehemaligen DDR. Teile der Stasi-Haftanstalt sollen als Gedenkstätte erhalten werden.

Andreasstraße 37–38

www.andreasstrasse-erfurt.de

13 MORITZHOF   S. 10

Die Wohnanlage Moritzhof ließ Magistratsoberbaurat Johannes Klaß (* 1879, † 1936 in Erfurt) im Rahmen des sozialen Wohnungsbau-

---

UNTERSUCHUNGSHAFT FÜR ANDERSDENKENDE

In den ursprünglich als Einzelzellen genutzten Gefängnisräumen standen bis zu drei Doppelstock-Betten, die nur nachts genutzt werden durften. Hände und Gesicht mussten durch den „Spion" für den Wärter zu sehen sein. Statt Fenstern dämmten Glasbausteine das Licht, Luft- und Temperatur waren unerträglich. Licht- und Heizungsschalter lagen im Gang für die Häftlinge unerreichbar. Festnahme („zur Klärung eines Sachverhaltes"), Schockvernehmung, Isolierhaft, Verhörserien, Schlafentzug, massive Drohungen (lebenslange Haft, Sippenhaft) und gesundheitsschädigender Psychodruck sind nur einige Fakten des Grauens. Die „Untersuchungshaft" dauerte Monate, oft ein Jahr und länger, ohne Rechtsbeistand und ohne Kontakte zu Angehörigen, die wiederum keinerlei Informationen über den Aufenthaltsort des Inhaftierten bekamen.

programms der Stadt 1921 bis 1922 bauen. Die vierseitige Anlage umschließt mit dreigeschossigen Putzbauten einen begrünten Innenhof. Klaß hinterließ als Architekt und Stadtbaudirektor viele Spuren in der Stadt, u. a. mit den Sparkassen am Fischmarkt und Anger.

Moritzstraße 1–6

14 ARMENBURSE UND ALUMNAT S. 10

Soweit es statisch machbar war, baute man Häuser über das Wasser, um so Grundsteuern zu sparen, denn nur für den festen Boden waren Abgaben zu entrichten. Ursprünglich war das Haus eine Studentenburse. Die alte Erfurter Universität forderte von ihren Studenten, in Gemeinschaften zu wohnen – es herrschte Bursenzwang. In diesen Internaten lebten eine kleine Zahl von Bursalen und ein angesehener Magister jeweils unter einem Dach. Der Bursenleiter schaute genau, dass die Regeln eingehalten wurden. Das Studentenleben war streng reglementiert. Die Bursenordnung verlangte, dass die Studenten „doheyme slaffen, unzuchtige frawen nicht einfuren" und dass „nicht unzucht mit auß'unnd eynsteigenn …" geschehe. Im Haus durfte nur Latein gesprochen werden, während der Mahlzeiten war zu schweigen; es ging zu wie im Kloster. Der berühmteste „Erfur-

ter", Martin Luther, hatte in Erfurt studiert. Rückblickend sagt er später über seine Studienzeit in Erfurt: dass Erfurt „nichts bessers gewest dann ein hurhauß und bierhauß" und diese „two lectiones haben die studenten am fleissigsten alda gehoret".

Kreuzsand 9

15 COLLEGIUM MAIUS S. 10

Das „Collegium maius" ist das älteste Universitätsgebäude der Stadt. Im „tollen Jahr", als die Erfurter gegen ihre Ratsherren rebellierten, zerstörten Handwerker und Söldner 1510 bei Auseinandersetzungen

Kielbogenportal des „Collegium maius"

ERFURTER UNIVERSITÄT

Die Erfurter Universität wäre eigentlich die älteste im heutigen Deutschland, wenn man damals nicht an den „falschen" Papst geschrieben hätte – es gab gerade zwei. Ende des 14. Jahrhunderts war das „große abendländische Schisma", die große Spaltung der Kirche, und der eine Papst lebte in Avignon (Clemens VII.), der andere in Rom (Urban VI.). Der Erfurter Rat schrieb an den Papst in Avignon. Der konnte sich jedoch nicht behaupten und seine Genehmigungsurkunde von 1379 war bedeutungslos. Bis 1389 die Erlaubnis des römischen Papstes vorlag, waren dann schon die Universitäten von Heidelberg (1386) und Köln (1388) gegründet. Gerechnet vom Beginn der wissenschaftlichen Vorlesungen (1392) zählt sie nur als drittälteste Universität im heutigen Deutschland – laut Gründungsurkunde jedoch als älteste.

Als bürgerliche Universität gegründet, erwarb sie sich einen sehr guten Ruf. Der Lehrbetrieb war international und nicht, wie an den Universitäten im Heiligen Römischen Reich Deutscher Nation in Prag, Wien, Heidelberg und Köln, nach Nationalitäten getrennt. Einen weiteren Pluspunkt hatte die Erfurter Universität mit ihren hervorragenden Lehrern, die moderner und offener arbeiteten. Der Ruf als „Bologna des Nordens" eilte der Universität und Stadt voraus. Mit der Reformation begann der Stern der Erfurter Universität zu sinken – ab 1520 wurden die Studentenzahlen geringer. 1814 lehrten 30 Professoren an der Universität, aber nur 27 Studenten hörten noch Vorlesungen. 1816 wurde die Erfurter Universität auf königlich preußischen Befehl hin aufgehoben und erst im Jahre 1994 neu gegründet. Sie ist somit auch die jüngste in Deutschland.

mit Studenten das von 1435 stammende Collegium. Unter Verwendung von Resten wurde es 1511 bis 1515 durch einen Neubau ersetzt und 1547 bis 1551 im Renaissancestil vollendet. Fliegerbomben vernichteten am 9. Februar 1945 die „Alte Universität" bis auf die Grundmauern. Zur Lutherehrung 1983 in der DDR rekonstruierte man das Kielbogenportal von 1512. Ende der 90er Jahre begann ihr Wiederaufbau unter Wiederverwendung historischer Steinsubstanz und mit großem Engagement der Universitätsgesellschaft. Da die neu gegründete Universität das Gebäude nicht nutzte, verkaufte es die Stadt an die Evangelische Kirche in Mitteldeutschland, die es als Sitz des Kirchenamtes nutzt.

Moritzstraße 1–6

16 HAUS ZUR GROSSEN ARCHE NOAH UND ENGELSBURG S. 10

Links vom „Collegium maius" steht das „Haus zur Großen Arche Noah und Engelsburg". Melchior Sachse und Sohn sind die Bauherren dieses 1565 erbauten Gebäudes. In der gerühmten Werkstatt druckte die Familie Sachse u.a. Schriften von Martin Luther und Adam Ries. Später besaßen weitere bedeutende Erfurter Magister, Ratsherren, Waidhändler und ein Stadthauptmann dieses prächtige Haus. Den Vorgängerbau bewohnte ab 1392 Amplonius Rating de Berka aus Rheinberg. Er war Rektor der Erfurter Universität und stiftete 1412 das „Collegium Amplonianum". Bei der Stiftung handelte es sich um seine über 600 Bände umfassende private Bibliothek, die „Bibliotheca Amploniana". Als er ins heimatliche Rheinland zurückkehrte, schenkte er diese Bibliothek dem Collegium. Der Bücherbestand der „Amploniana" ist heute einer der größten Schätze Erfurts und wird in der Universitätsbibliothek Erfurt aufbewahrt.

Ab 1438 war das Haus im Besitz der Universität. Den Nachfolgebau von 1565 prägt vor allem das Portal. Ionische Säulen fassen den Torbereich. In der Mitte dominieren die Wappen von Melchior Sachse und seiner Frau Elisabeth Lange. Medaillenköpfe zeigen links Christus und rechts Petrus. Nach grundlegender Sanierung des Gebäudes haben heute hier eine internationale Begegnungsstätte und das Gästehaus der Universität ihren Platz.

Michaelisstraße 38

www.uni-erfurt.de/amploniana

17 MICHAELISKIRCHE (ST. MICHAEL) S. 10

Der zweischiffige Vorgängerbau der heutigen evangelischen Michaeliskirche ist 1183 durch Stiftung des Erfurter Patriziers Walter Kerlinger sen. und 1217 durch Nennung als Pfarrkirche belegt. Der bescheidene und trapezförmige gotische Neubau stammt aus den Jahren 1278 bis 1290. Mit Beginn des Studienbetriebes an der Erfurter Universität (1392), nutzte man die Kirche auch als Universitätskirche. Den neuen Anforderungen wurde man Anfang/Mitte des 15. Jahrhunderts durch den Anbau eines nördlichen Seitenschiffes gerecht. So zeigt sich die Kirche heute als zweischiffige Halle mit hohem Satteldach. Über dem Eingang befindet sich ein Kruzifixrelief – Anfang 15. Jahrhundert – mit doppelter Wappendarstellung der Familien Pardieß und Hildbrandt. Durch das profilierte Spitzbogenportal des nördlichen Seitenschiffes betritt man die Kirche.

Der Altar (1633 gestiftet) mit einer Kreuzigungs- und Abendmahlsszene stammt aus der Predigerkirche und steht hier seit 1960. Die vier Evangelisten flankieren die beiden Tafeln. Die spitzbogigen Holztonnendecken wurden bis Mitte des 15. Jahrhunderts eingesetzt. Auf der Westempore steht eine Compenius-Orgel (1652). Ludwig Compenius (*um 1603; †1671 in Erfurt) stammt aus der bedeutenden gleichnamigen Orgelbauerfamilie. Das reich beschnitzte Gehäuse (1652) zeigt stilistisch den Übergang von der Spätrenaissance zum Frühbarock. Bei der Rekonstruktion der Orgel 1999/2000 erhielt sie ihre mitteltönige Barockstimmung zurück.

Zur bemerkenswerten Ausstattung der Kirche gehören weiterhin ein sechseckiger Taufstein mit Blendmaßwerk (15. Jahrhundert) und verschiedene Grabplatten. An der Südwand der Kirche führt eine Tür auf den Michaeliskirchhof, einen spätgotischen Hof. Die hölzerne Treppe zur Dreifaltigkeitskapelle (auch: Laasphekapelle), der gedrungene Turm, das Relief des hl. Martin (1500), die Grabplatten und die spätgotischen Gebäude geben diesem Hof seinen ganz besonderen Reiz. Auch der Aufstieg über die Holztreppe zu der kleinen Kapelle, die 1500 vom Weihbischof Dr. Johannes Bonemilch von Laasphe gestiftet wurde, lohnt sich, denn dieser Sakralraum ist ein versteckter Ruhepunkt der Stadt.

Die Kirche hat eine große Geschichte, an deren Anfang reiche Bürger der Stadt als Stifter stehen. Danach war sie Pfarrkirche und Universitätskirche sowie Stätte der Reformation. Martin Luther kannte die Michaeliskirche schon aus seiner Studentenzeit (1501–1505), später predigte er hier im Oktober 1522 als Reformator. Im Zweiten Weltkrieg wurde sie 1944 durch eine Luftmine stark beschädigt. Geschichte schrieb die Michaeliskirche auch als Treffpunkt der oppositionellen Bürger vor der friedlichen Revolution von 1989 und seit 2000 wieder als Universitätskirche.

Von der gegenüberliegenden Seite der Michaelisstraße hat man einen eindrucksvollen Blick auf die Fenster der Kirche, den Turm und die Laasphekapelle. Der Turm steht etwas zurückgesetzt von der Straße und setzt wahrscheinlich auf den Mauern des romanischen Vorgängerbaues auf. Er besitzt mit „Katharina" die älteste Glocke Erfurts – 1380 gegossen. Etwa auf Schulterhöhe befindet sich ein ehemaliger Opferstock.

Michaelisstraße 11 • Tel.: (03 61) 6 42 20 90
www.stadtmission-erfurt.de
Mai–Sept. Mo.–Sa. 10–17 Uhr, Okt.
Apr. Mo.–Sa. 11–16 Uhr, So. auf tel.
Anfrage, Musikalische Vesper:
Sa. 17 Uhr, Orgelandacht: Mi. 12 Uhr

18 DREIFALTIGKEITS-KAPELLE / LAASPHEKAPELLE S. 10

Links an den Turm schließt sich die Laasphekapelle an. Schräg über dem Kielbogenportal ragt der fünfseitige Chorerker. Die Reliefs zeigen in der Mitte eine Strahlenkranz-Madonna mit Jesuskind zu deren

Füßen Dr. Johann Bonemilch von Laasphe als Stifter anbetend kniet. Das Haar Mariens wallt in langen und feinen Locken. Als „Himmelskönigin" liegt ihr die Mondsichel zu Füßen. Das linke Relief zeigt den Erzengel Michael, Schutzpatron der Michaeliskirche, der den „gefallenen Engel", den Teufel besiegt. Rechts gegenüber befindet sich die hl. Katharina, die als Patronin der Hochschulen, Philosophen, Gelehrten, Schüler und Studenten schützend in Richtung „Collegium maius", dem Universitätsgebäude und Sitz der Philosophischen Fakultät steht.

⑲ KULTURHOF ZUM GÜLDENEN KRÖNBACKEN S. 10

Links an die Dreifaltigkeitskapelle schließt sich das „Haus zum Güldenen Krönbacken" an. Es ist eines der ältesten Häuser Erfurts und bildet zusammen mit der „Galerie Waidspeicher" das Ensemble des Kulturhofes. Den rechten frühgotischen Gebäudeteil ziert eine Renaissancefassade.

Im Erdgeschoss stützen korinthische Säulen die Fenster und das Portal. Sitzsteine ragen links und rechts im Portal nur noch wenige Zentimeter aus dem Boden, denn die Michaelisstraße ist über die Jahrhunderte „gewachsen". Die Wappen des Ehepaares „Ilgen von

Milwitz" und „Anna Schwanflogelin" bezeugen die Eigentümer des Hauses. Über den Wappen rahmt die geteilte Jahresangabe der Fassadenfertigstellung (1561) den frommen Hausspruch: „Gott spricht es, so geschieht es." Der linke Teil des Bauensembles besteht aus dem gotischen Torhaus mit großer spitzbogiger Toreinfahrt. Im Schlussstein des Torbogens ist das Baujahr 1534 in gotischen Ziffern festgehalten. In den darüberliegenden zwei Fachwerkgeschossen zeigt das Gebälk Muschelornamentik.

Unter dem Torhaus hindurch bietet rechter Hand eine alte Tür Einlass. In den Sommermonaten finden hier monatliche Ausstellungen und Projekte Raum. Den hinteren Hofbereich begrenzt ein Waidspeicher, der aus dem Jahr 1468 stammt und die Galerie beherbergt.

Michaelisstraße 10
Tel.: (03 61) 6 55 19 60 • 6 55 16 10
www.kroenbacken.de
Öffnungszeiten Kulturhof zum Güldenen Krönbacken/Vorderhaus:
Mai–Okt. Di.–So. 11–18 Uhr
Öffnungszeiten Galerie Waidspeicher/Hinterhaus: Di.–So. 11–18 Uhr

⑳ GASTHAUS ZUM GOLDENEN SCHWAN S. 10

Steht man gegenüber dem Gasthaus „Zum Goldenen Schwan" gelingt ein guter Blick auf das alte Gebäude. Keller und Erdgeschoss-

WAID

In etwa 300 Dörfern um Erfurt baute man diese Kreuzblütler an. Im fruchtbaren Thüringer Becken herrscht ein warmes und trockenes Klima. Die Pflanze wuchs prächtig. Je nach Witterung schnitten die Bäuerinnen drei- bis fünfmal pro Jahr die Blätter dieser Pflanze ab. Sie wuschen die Blätter und trockneten sie auf dem Waidrasen. Unter mannshohen Mühlsteinen wurden die Blätter in den Waidmühlen zu einem Brei zerquetscht. Diesen formten die Bäuerinnen und Kinder zu Klumpen in Faustgröße – die Waidballen – und trockneten sie. Dann brachten die Waidbauern diese Waidbälle zentnerweise auf Pferdefuhrwerken nach Erfurt auf den Waidmarkt. Die Bauern mussten dieses Halbprodukt in

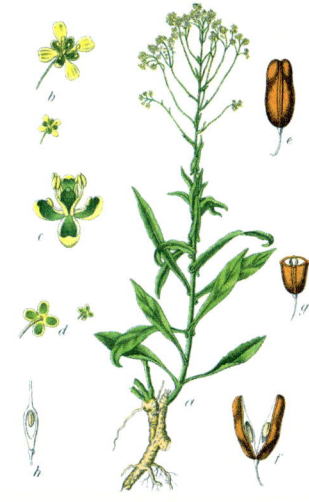

der Stadt verkaufen. Es herrschte Marktzwang. Die Erfurter wollten selbst vom Geschäft der Weiterverarbeitung profitieren. Der Waidmarkt heißt heute Anger. Früher war es der größte Waidmarkt Mitteleuropas – zum Teil noch unbebaut. Dort warteten schon die Waidjunker auf das Zeichen der Waidglocke und traten dann mit den Waidbauern in Kaufverhandlung. Nach Einigung brachte man den Ballenwaid in den Waidspeicher. Bis hoch in den Giebel sind Holzböden eingebaut. Die Waidknechte zerschlugen mit Waidhämmern die Waidklumpen und schütteten alles zu großen Haufen auf. Schließlich vermengte man die Waidmasse mit Wasser und Urin. Dieser Verarbeitungsprozess dauerte fast vier Monate. Immer wieder wurde Urin hinzugegeben. Es gab etwa hundert Waidspeicher und zu Waidspeichern ausgebaute Dachböden. Ein übler Gestank lag über Stadt. Am Ende der Verarbeitung blieb ein Farbpulver übrig, mit dem man blau färbte. Über Jahrhunderte war es die einzige Möglichkeit um blau zu färben. Es war ein Monopol. Mit verschiedenen Zusätzen erreichten die Färber auch noch die Farben Gelb, Grün, Braun und Schwarz. Das Farbpulver dieses Universalfarbmittels war so wertvoll, dass man es mit Gold aufwog. Pro Jahr wurden in Erfurt bis zu 3 t Gold im Waidhandel umgeschlagen. Aufgrund ihres Reichtums nannte man die Waidhändler auch Waidjunker. Noch heute künden prächtige Häuser vom Reichtum der Waidhändler. Ende des 16. und Anfang des 17. Jahrhunderts verdrängte Indigo mehr und mehr das Waidpulver. Auch die Folgen des verheerenden Dreißigjährigen Krieges führten zum starken Rückgang des Waidanbaus. Das endgültige Aus für Waid kam Ende des 19. Jahrhunderts mit der synthetischen Herstellung des Indigo aus Steinkohleteer.

teile werden auf etwa 1200 datiert. Untersuchungen eines hölzernen Türsturzes ergaben 1186 als Jahr der Baumfällung. Zwei Hausteile bilden das heutige Erscheinungsbild zur Straße, der linke rötlich, der rechte weiß. Ein zusammenfassender Umbau vereinte zwei Häuser 1535 zu dem größeren und linken Gebäudeteil. Auffallend sind die Vorhangbogengewände der Fenster im ersten Obergeschoss. Unter dem schmiedeeisernen Wirtshausschild steckt ein Strohbusch in einem eckig gemauerten Bierloch. Hölzerne Geschosseinbauten, Dachwerke, zahlreiche Portale und ornamentale Wandfassungen geben diesem Haus eine große baugeschichtliche und künstlerische Bedeutung. Ende der 1980er Jahre war der Verfall des Gebäudes so weit fortgeschritten, dass die 200-jährige Gaststätte und Herberge schließen musste. Eine Sicherung der Bausubstanz Anfang der 90er Jahre verhinderte den weiteren Verfall. Seit grundlegender Sanierung 2002/3 bietet der „Goldene Schwan" wieder Gastraum und eigengebrautes Bier. Spätmittelalterliche Deckenbalken liegen auf Steinkonsolen auf und prägen das Ambiente dieser Gasträume. Das erste Obergeschoss zeigt eine rekonstruierte barocke Kassettendecke. Mit sensibler Sanierung ist die Nutzung eines der ältesten Wohn-

häuser Erfurts und einer traditionsreichen Gaststätte gelungen.

Michaelisstraße 9

21 HAUS ZUR GROSSEN WAAGE S. 10

Das „Haus zur Großen Waage" fuhren die fremden Kaufleute als erste Station in der Stadt an. Hier wurden ihre Waren gemessen, gewogen und die vorgeschriebene Taxe wurde erhoben, eine Art „städtischer Umsatzsteuer". Schon 805 erhob Karl der Große Erfurt zum Grenzhandelsplatz. Als östlichster Punkt im Frankenreich war hier „Endstation" für die Kaufleute. Um mit den Slawen Handel zu treiben, traf man sich in Erfurt. Aus diesem Ablegen der Waren am Ort entwickelte sich das Stapelrecht. Auch später, als das Fränkische Reich schon längst nicht mehr existierte, zwang man die fremden Kaufleute, ihr Handelsgut mindestens drei Tage anzubieten. Das bedeutete aber auch, dass die Handelsleute übernachteten, aßen und tranken. Die Futterer verpflegten die Zugpferde der Reisenden und verdienten gutes Geld. Nach dem Wiegen und Messen wurden die Güter zum Verkauf in der „Großen Waage" und im Nachbarhaus „Zur Kleinen Waage" (Michaelisstraße 6) angeboten. Wer keinen „gestampften" Nachweis vom Waagemeister besaß, den belegte man mit hohen Strafzöllen. Von 1354 bis 1712 arbeiteten hier der Waagemeister und seine Waageknechte. Es herrschte Hochbetrieb, denn bis zu hundert Pferdefuhrwerke kamen pro Tag in die Stadt. Die Stadt profitierte vom Stapelrecht. Ab 1712 übernahm der „Kurmainzische Pack- und Waagehof" (heute: Angermuseum) die Funktion der „Großen Waage".

Michaelisstraße 7

22 HAUS ZUM SCHWARZEN HORN S. 10

Schräg gegenüber dem „Haus zur Großen Waage" steht das „Haus zum Schwarzen Horn". Der Kernbau stammt aus dem 15. Jahrhundert und wurde im Renaissancestil ver-

Titelseite der zweiten Auflage (1525) des Rechenbuches, Adam Ries am Tisch-Rechen-Brett

ändert. Das Sitznischenportal benennt das Baudatum von 1549.

Ab 1499 entwickelte sich hier die wohl bedeutendste Druckerei der Stadt. In der Werkstatt des Wolfgang Schenck entstand das erste Lehrbuch im deutschen Sprachraum, das auf griechische und lateinische Lettern „setzte". Mathes Maler, ein Geselle Schencks, lernte hier nicht nur, sondern heiratete auch meisterlich, nämlich die Witwe Schencks. Maler druckt eine große Anzahl von Reformationsschriften; z. B. das Enchiridion, das erste Gesangbuch Luthers. Er druckte die Rechenbücher von dem in Erfurt lebenden Adam Ries. Diese Bücher wurden im heutigen Sinne Bestseller und machten Maler zu einem bekannten Drucker über Erfurts Stadtgrenzen hinaus.

Michaelisstraße 48

23 GASTHAUS FEUERKUGEL S. 10

Genau gegenüber vom „Haus zum Schwarzen Horn" steht das Gasthaus „Feuerkugel". Das Gebäude und die Fassade stammen aus dem Jahr 1897 nach dem Entwurf des Architekten Eduard Kayser. Als Kaffeehaus besaß es Tanzsaal und Kegelbahn. 1926 erhielt es den Namen „Feuerkugel". Nach umfassender Rekonstruktion präsentiert es sich seit Dezember 2002 wieder im altdeutschen Stil.

Michaelisstraße 3–4

DAS SCHMALSTE HAUS

Das weiße Haus, knapp über 2 m breit, beweist, dass nicht jeder in Erfurt Kapital für große Häuser besaß. Wer nur über wenig Geld verfügte, baute schmal, denn Grundsteuern gab es schon damals. Außerdem musste bei mehr als drei Fenstern (pro Etage zur Straßenseite) Fenstersteuer gezahlt werden. Das Häuschen wurde in den 80er Jahren zum Treppenhaus für die beiden links und rechts angrenzenden Häuser umgebaut.

Marktstraße 25 (Rückseite, erreichbar über Mettengasse)

24 ALLERHEILIGEN-KIRCHE   S. 10

1117 wird eine Hospitalbruderschaft des Allerheiligenspitals bestätigt und gibt damit erstmals Nachricht für die Existenz der katholischen Allerheiligenkirche. 1182 wurde sie zur Pfarrkirche erhoben. Den Nachfolgebau vollendete man 1371/72 und passte ihn im Grundriss dem Straßenverlauf an. Der Turm wurde 1870 erneuert. Auf dem quadratischen Westturm steht ein achteckiger Aufsatz mit einem hohen spitzen Helm. Nach umfangreicher Sanierung wurde die Kirche im September 2007 mit einem Kolumbarium, kleine Grabkammern zur Aufnahme von Urnen, im Nordschiff eröffnet. Hier findet sich hinter Glas ein abgeschlossener Bereich in dem 15 Stelen mit jeweils 42 Urnen aufgestellt sind. Das allein ist schon selten. Da aber auch Nichtchristen hier bestattet werden können, dürfte es sich um eine einzigartige Urnenbegräb-

nisstätte in einer Kirche handeln. Innerhalb zweier Monate waren alle 630 Urnenfächer „vermietet" (max. 20 Jahre). Der Entwurf stammt von der Erfurter Künstlerin Evelyn Körber. Die Stelen sind aus hellem leicht rötlich geäderten Thüringer Kalkstein und die Frontplatten aus sandgestrahltem Glas gearbeitet.

Der barocke Altar ist mit der Jahreszahl 1782 datiert. Die geschnitzten Apostelfiguren stehen vor den Säulen des Hauptaltares, Petrus links und Paulus rechts. Flankiert von zwei Engeln thronen Jesus mit Kreuz, Gottvater mit Zepter und Reichsapfel sowie die Taube als Bild für den Heiligen Geist. Die Trinitätsdarstellung wird im Symbol des strahlenumkränzten goldenen Dreiecks verstärkt.

Nach dem Verlassen der kleinen zweischiffigen Hallenkirche findet man in einer Nische an der Turmsüdseite (Marktstraße) eine gotische Pieta mit barocker Farbfassung (um 1380/90). Wenige Schritte weiter zeigt das Tympanon im Südportal den gekreuzigten Jesus, links

◄ Das schmalste Haus in Erfurt ist heute nur noch ein Treppenhaus

39

seine Mutter Maria und rechts den Apostel Johannes (um 1370).

Marktstraße

25 HAUS ZUM SONNEBORN S. 10

Von dem mächtigen Renaissance-bau existieren aus seiner Entstehungszeit 1546 heute nur noch die Bohlenstube, Teile der Fassade und das Portal. 1984 wurde das Gebäude grundlegend restauriert und bietet heute als Hochzeitshaus gleichzeitig drei Paaren Platz zum Heiraten.

Das prächtige Portal zeigt links und rechts vom Dreiecksgiebel Bierlöcher in der Fassade. Den Erker zieren als Sgraffitti zwei Frauen, die die Eitelkeit und die Gerechtigkeit symbolisieren. Ein Sgrafitto entsteht durch Bekratzen einer noch nicht ausgehärteten dünnen Putzschicht und zeigt im Kontrast die andersfarbige und darunterliegende Schicht. Links vor dem Portal steht ein schmiedeeisernes Brunnenhaus – 1988 nach einem Entwurf von Günther Reichert aus Friedrichroda geschmiedet. Schräg rechts steht das „Haus zum Güldenen Flügel" mit einem Rundbogenportal und Bierloch.

Rechts neben dem Haus führt die Mettengasse in einen sich öffnenden Hofbereich zu einem *Brunnen* mit den Figuren der „Bremer Stadtmusikanten". Diese bronzene Figurengruppe schuf 1979 Karl Lemke.

Auch der Waidspeicher in der Mettengasse diente ursprünglich der Lagerung und Verarbeitung von Waid. (s. S. 35) Das Baudenkmal

Das „Haus zum Sonneborn" dominiert den dreieckigen Wendeplatz

DIE ERFURTER BIERLÖCHER

In den früheren Jahrhunderten gab es in Erfurt keine Brauereien. Viele Erfurter brauten sich ihr Bier selbst. Es bedurfte dazu einer Lizenz. Die Häuser wohlhabender Bürger, die Platz für Brauvorrichtung und meist auch Schankstuben boten, erhielten als „Biereigen" dieses Recht. In der mittelalterlichen Stadt verzapfte man nach genau festgelegter Reihenfolge in über 580 Häusern Bier. Es gab auch noch keine Flaschenabfüllung. Das Bier musste also schnellstens getrunken werden, damit es nicht schlecht wurde. Ein verabredetes Zeichen half dies zu vermeiden. Der Biereigen steckte in das Bierloch einen Gerstenbusch und jeder wusste Bescheid: Heute gibt es hier frisches Bier! Zusätzlich hatte jedes Stadtviertel einen „Viertelsknecht", der auch als Bierausrufer fungierte. Laut schrie er in den Straßen und Gassen, in welchem der Biereigenhöfe „ein jung Bier aufgetan" sei. Um die Nachricht auch dem Letzten bekannt zu machen, verkündete man dies sogar in den über zwanzig Pfarrkirchen von den Kanzeln.

wurde nach kompletter Restaurierung (1986) Spielstätte für die seit 1979 bestehenden Ensembles des Erfurter Puppentheaters und des Kabaretts „Die Arche".
Große Arche 6

26 ZUM GROSSEN UND KLEINEN STÖR / ZUM SCHWARZEN BÄR   S. 10

Nach umfassender Sanierung 1999 bis 2001 bieten das Gebäude und der durch das Tor erreichbare „Markthof" Wohn- und Geschäftsraum. Der Markthof zählt zu den beschaulichen Ruhebereichen der Stadt. Dort werden auch besondere Köstlichkeiten wie z. B. Tapas verkauft. Aufmerksamkeit verschafft sich Michael Gottschaeffsky im Schlussstein des Portals. Die Jahreszahl 1716 gibt Auskunft zum Bau des Hauses und der Hut letzte Gewissheit, dass er Hutmacher war. Das „Haus zum Großen Pflug und Großen Siebenbürgen" (Marktstraße 21) wird auch „Hoffmannsches Haus" genannt. Es trägt diesen Namen seit dem letzten Umbau von 1677, als das Gebäude seine barocke Gestalt erhielt. Während der Sanierungsarbeiten 2008/09 wurden Teile der Vorgängerbauten entdeckt, die darauf schließen lassen, dass es sich um das älteste Wohnhaus in Erfurt handelt. Eine Altersbestimmung ergab 1108 als Ursprungsjahr. Für 1570 sind der schriftliche Nachweis zum Haus überliefert sowie Schriftzüge an zwei Fenstergewänden. Die in Stein gefassten Löcher links und rechts über dem Portal weisen auf das Bierbraurecht hin. Während des Fürstenkongresses (1808) wohnte König Maximilian I. Joseph von Bayern (* 1756, † 1825) hier und empfing Napoleon und andere Besucher.
Marktstraße 34–35

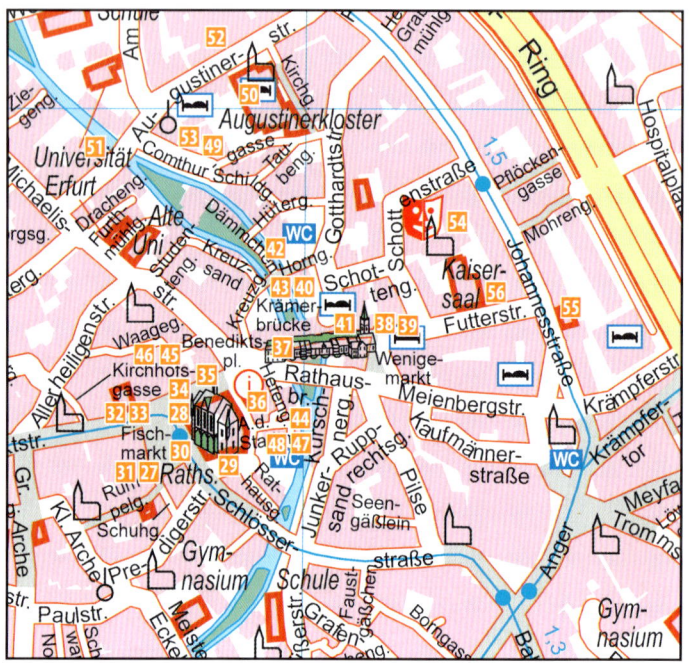

RUND UM DEN FISCHMARKT

27 FISCHMARKT S. 42

Schon an der Größe des Fischmarktes, dem zentralen Platz der Altstadt, erkennt man, dass im Mittelalter Fisch auch für die Erfurter ein Hauptnahrungsmittel war. Aber woher bekam man hier mitten auf dem Festland Fisch? In Erfurt kreuzten sich wichtige Handelsstraßen. Die „Via regia" – die Königsstraße, auch die

▲ Reich gezierte Hausgiebel schmücken den Fischmarkt

„Hohe Straße" genannt – reichte von Spanien über Frankreich, das Rhein-Main-Gebiet, Erfurt, Leipzig, Görlitz, Breslau, Krakau, Kiew bis nach Russland. Sie ist die Querachse des mittelalterlichen Europas. Auf der „Nürnberger Geleitstraße", die vom Nord-Ostsee-Raum über Lübeck bis nach Oberitalien reichte, importierte man den Fisch aus dem Norden nach Erfurt. Doch auch außerhalb der Stadtmauern züchtete man Fisch und verkaufte ihn auf dem Markt.

28 RATHAUS S. 42

Bereits für das 11. Jahrhundert kann an dieser Stelle ein Kauf- und Versammlungshaus vermutet werden. Für das Jahr 1275 gibt es den ersten schriftlichen Nachweis eines Rathauses. Das alte Rathaus begann man ab 1830 Stück für Stück abzureißen. Es war ein gewachsener Häuserkomplex, der aus der Gotik über die Renaissance bis Anfang des 18. Jahrhunderts reichte. Auch der mächtige Rathausturm aus der Gotik fiel 1870 der Spitzhacke zum Opfer, denn er schien nicht erhaltenswert. Dieser große Verlust für das Stadtbild schmerzt vor allem die Erfurter noch heute. Zwischen 1869 und 1882 erbaute man nach den Entwürfen des Stadtbaumeisters Theodor Sommer das neue Rathaus. Es mutet wie ein Schildbürgerstreich an, denn seit Abriss des alten bis zum Bau des neuen Rathauses vergingen 40 Jahre. Der Historienmaler Peter Janssen schuf von 1878 bis 1882 die großen Bilder im Festsaal mit Motiven zur Stadtgeschichte. Eduard Kämpffer malte in den Jahren 1889 bis 1896 die Bilder in den Fluren und im Treppenhaus. Sie erzählen die Thüringer Sagen, wie die Tannhäusersage, die Sage vom Graf von Gleichen und die Faustsage. Auf dem Flur zum Festsaal werden Lebensstationen Martin Luthers gezeigt, die ihn mit Erfurt verbinden.

Fischmarkt 1 · Tel.: (03 61) 65 50
www.erfurt.de
Mo./Di./Do. 8–18 Uhr, Mi. 8–16 Uhr,
Fr. 8–14, Sa./So. 10–17 Uhr
(Bei Veranstaltungen im Rathaus ist
keine Besichtigung möglich.)

29 SPARKASSE S. 42

Beim Blick auf das neogotische Rathaus fällt auch die Sparkasse auf, die 1934/35 nach den Plänen des Architekten Johannes Klaß und unter Leitung des Stadtbaurates Ludwig Boegl rechts an das Rathaus angebaut wurde. Der Eisenbetonbau schließt über einen Verbindungsflügel zum Rathaus. Kontrastreich setzen sich die hellen Putzflächen (Hauptfront ursprünglich bemalt, 1945 zerstört) vom grauen Naturstein ab. Im sogenannten „Heimatstil" zeigt sich das Walmdach mit Gaupen. Das Gebäude selbst ist dem Stil der „Neuen Sachlichkeit" zuzuordnen. Hier kann man weitere allegorische Figuren des Fischmarktes bewundern. Über dem Haupteingang sind die „Laster" dargestellt. Der Bildhauer Hans Walther schuf 1935 von links beginnend die personifizierten Untugenden: Völlerei, Eitelkeit, Faulheit, Dummheit, Neid und Geiz. Den Lastern stellt Walther die Fürsorge Bedürftiger an der rechten Erdgeschossecke

▶ Das neogotische Rathaus ist
das größte Gebäude am Platz

gegenüber. Links und rechts zieren zwölf Tierkreiszeichen die Senkrechten der Fensterfront.

Fischmarkt 2

30 ROLAND, RÖMER UND HL. MARTIN S. 42

Hoch über dem Fischmarkt steht auf einer Säule ein Mann in prächtiger Rüstung. Die Stadtfahne zeigt das Erfurter Wappen: Das Rad mit sechs Speichen. Dieser fast 2 m große „gerüstete Mann" setzt im wahrsten Sinne des Wortes die Wehrhaftigkeit der Stadt Erfurt ins Bild. Er verkörpert aber weit mehr, er ist zugleich auch „Römer". Ein römischer Bürger war immer auch „Republikaner" und damit vom Selbstverständnis unabhängig und

„Der Mann" auf dem Fischmarkt

frei. Erfurt war jedoch keine freie Reichsstadt. Fast tausend Jahre gehörte Erfurt zu Mainz. Doch Ende des 16. Jahrhunderts wagte man mit der Errichtung dieser kraftvollen Gestalt, Mainz bzw. den Erzbischof zu provozieren. Da der Erzbischof oft Geld brauchte und Erfurt eine reiche Stadt war, forderte es der Landesherr immer wieder. Im Gegenzug stellte man Bedingungen und erwarb nach und nach die Privilegien einer freien Reichsstadt, wie Marktrecht, Münzrecht und Gerichtsbarkeit. Erfurt erkaufte sich somit über die Jahrhunderte Stück für Stück Freiheit gegenüber Mainz. So leistete sich die Stadt den „Römer" oder „Roland", wie er auch genannt wird, denn der Roland, das Symbol einer freien Reichstadt, wurde ebenso in Rüstung dargestellt. Dem Mainzer Erzbischof sagte man aber, dies sei der hl. Martin, der Stadtpatron von Erfurt. Das war unverfänglicher, denn der hl. Martin war eine historische Figur aus dem 4. Jahrhundert, ein römischer Soldat, der bekannt wurde, weil er seinen Mantel mit einem frierenden Bettler geteilt hatte und der zum Christentum konvertiert war. Israel von Mihla schuf diese mehrdeutige und symbolträchtige Figur in Rüstung, die der Rat 1561 auf dem Fischmarkt aufstellen ließ.

Nachbildungen dieses berühmten Erfurters finden sich auch auf den

Häusern „Zum Roten Ochsen", „Zum Breiten Herd" und „Zum Stötzel".

31 HAUS ZUM ROTEN OCHSEN S. 42

Im Rücken dieser Säule, genau gegenüber vom Rathaus, steht das „Haus zum Roten Ochsen". Seit 1562 schmückt seine Renaissancefassade die Westseite des Fischmarktes. Der Bauherr war Jakob Naffzer, ein reicher Waidhändler und Oberratsmeister. Auf der Giebelspitze steht wieder ein „gerüsteter Mann". Er richtet seine Standarte mit den Initialen GAF, die „Galerie Am Fischmarkt" bedeuten, in den Wind. Heute befindet sich in dem Haus aber die „Kunsthalle Erfurt". Auf den Giebelecken sitzen Teufel und darüber stehen Posaunenengel. Über den Fenstern im ersten Stock schauen die sogenannten „Gaffköpfe", jeder mit einem eigenen Gesichtsausdruck. Die Fassade zieren dorische Säulen im Erdgeschoss, ionische im ersten Stock und korinthische im Giebelfeld.

Die Mitte beherrscht der rote Ochse. Steht man nah genug am Portal, ist sein schiefes Lächeln unverkennbar und auch seine Pferdehufe werden deutlich. Die Figuren sind benannt und man liest von links beginnend die Planeten, die gleichzeitig für die Wochentage stehen: Saturn für Samstag, Mars und Jupiter für Dienstag und Donnerstag, Sol und Venus für Sonntag und Freitag, in der Mitte je zwei Frauenpaare, die den roten Ochsen rahmen, danach Merkur und Luna für Mittwoch und Montag.

Nun folgen die griechischen Musen, die als proppere und nackte Kerlchen sich je zu zweien gesellen: Euterpe (Lyrik) und Klio (Geschichtsschreibung), Thalia (Komödie) und Erato (Liebesdichtung), Polyhymnia (Gesang) und Melpomene (Tragödie), Terpsychore (Chorlyrik und Tanz) und Urania (Sternkunde).

Kalliope, die Muse der epischen Dichtung, Rhetorik, Philosophie und Wissenschaft fehlt – wahrscheinlich aus Platzgründen. Ein weiteres Rätsel gibt Klio – die Geschichtsschreibung – auf, denn sie flötet, statt wie meist sonst Papierrolle und Schreibgriffel in den Händen zu halten.

Fischmarkt 7 · Tel.: (03 61) 6 55 56 60
www.kunsthalle-erfurt.de
Di.–So. 11–18 Uhr, Do. 11–22 Uhr

32 HAUS ZUM BREITEN HERD S. 42

Schräg rechts gegenüber steht das prächtigste Renaissancegebäude Erfurts. Das „Haus zum Breiten Herd" beherrscht mit dunklem Rot und reich geschmückter Fassade die Nordseite des Fischmarktes. Der Name bedeutete „breites Haus" oder auch „breites Grundstück". Im Auftrag des Ratsmeisters und

Stadtvogts Heinrich von Dennstedt wurde dieser Hochrenaissancebau 1584 vollendet. Auf der obersten Giebelspitze steht wieder ein „gerüsteter Mann", „Gaffköpfe", die sich im Gesichtsausdruck unterscheiden, schauen den Betrachter an. Ein Figurenfries bildet von links nach rechts in fünf Bildern die Sinne in Frauengestalt ab:

Die Frauen halten jeweils ein Accessoire in der Hand. Zusätzlich hat der Künstler den Sinnen ein Tier zugeordnet. So verdeutlichen das Sehen Spiegel und Adler, das Hören Laute und Hirsch, das Riechen Blumenstrauß und Hund, das Schmecken Weinglas, Obstschale und Affe, das Fühlen die auf der Hand sitzende Taube und die sich bei Erschütterung im Panzer verkriechende Schildkröte. Nach der Restaurierung auf der Grundlage alter Farbreste leuchten die Farben seit 2007 wieder wie zu Zeiten der Erbauung. Im Verlauf der Geschichte war der „Breite Herd" Biereigenhof, Tuch- und Waidhändlerhaus.

Fischmarkt 13

🄳🄳 HAUS ZUM STÖTZEL S. 42

Das „Haus zum Stötzel" passt sich im Baustil an den „Breiten Herd" an. Es wurde aber ca. 300 Jahre später im Stil der Neorenaissance nach

◀ Das Renaissancehaus
„Zum Breiten Herd"

Plänen des Architekten Carl Frühling erbaut. Im Giebel steht in Goldschrift die Jahreszahl 1892. Im Unterschied zum „Breiten Herd" fehlen leuchtende Farben, denn Ende des 19. Jahrhunderts war dies nicht modern. Allein Goldtöne setzen gelungen Akzente am Haus. Auch hier steht auf der Giebelspitze wieder ein gerüsteter Mann. Weitere Figuren zieren die Fassade. Eine Madonna auf der Mondsichel stehend hält den Jesusknaben im Arm. Merkur symbolisiert Kunsthandwerk und Handel, eine weibliche Allegorie das Kunstgewerbe. An den Sinnenfries des Nachbarhauses schließt sich hier ein weiteres Reliefband an. Der Bildhauer Adalbert Deutschmann verkörperte die vier Tugenden nach Platon in Frauengestalt. Die Gerechtigkeit (*iustitia*) die Klugheit (*prudentia*), die Tapferkeit (*fortitudo*) und die Genügsamkeit (*temperantia*). Als 1925 die Handwerkskammer das „Haus zum Stötzel" und das „Haus zum Breiten Herd" erwarb, prägte sich für das Ensemble der Name „Gildehaus".

Fischmarkt 14–16

🄳🄳 ALTSTADTRELIEF S. 42

Zwischen Rathaus und dem „Haus zum Stötzel" liegt auf einem Marmorblock ein Modell der Altstadt. Dieser bronzene Abguss der Altstadt lädt – auch in Blindenschrift – dazu ein, die Stadt zu begreifen.

35 BERND DAS BROT S. 42

Wenige Meter weiter in Richtung Benediktsplatz befindet sich seit Juli 2007 „Bernd das Brot". Sind Kinder in der Nähe wird der Unkundige sogleich aufgeklärt, dass es sich um eine Figur des Kinderfernsehkanals KI.KA handelt. Das bekannte „Kastenweißbrot" soll daran erinnern, dass der Kinderkanal seit 1997 seine Sendungen in Erfurt produziert. Im Jahr 2004 wurde Bernd das Brot mit dem Adolf-Grimme-Preis ausgezeichnet.

36 TOURIST-INFORMATION S. 42

Am Benediktsplatz befindet sich rechter Hand die Erfurt-Tourist-Information. Ob als öffentliche Altstadtführung, mit dem Nachtwächter, im gelenkigen Altstadtbus durch engste Straßen oder mit der historischen Straßenbahn quietschend in alle Richtungen – hier werden viele Möglichkeiten zur Stadterkundung angeboten.

Auf der gegenüberliegenden Seite des kleinen Platzes beeindrucken zwei Häuser, deren Fachwerk sich in der modernen Glasfassade des linken Nachbarhauses spiegelt.

37 DIE KRÄMERBRÜCKE UND IHRE HÄUSER S. 42

★ TOP-TIPP

Als es noch keine Hausnummern gab, erhielten Häuser Namen und Zeichen. So nannte man das Haus Krämerbrücke 31 „Haus zum wilden Mann & güldenen Schachtzaul". Der „wilde Mann" meint nicht den Hausbesitzer sondern beschreibt ein Fachwerkmuster, das jedoch nur auf der Rückseite des Hauses zu sehen ist. Die aneinandergereihten und geschwungenen Kreuze über den Fenstern nennt man in der Fachwerksprache „Andreaskreuz". Das Gebäude Krämerbrücke 31 heißt heute „Haus der Stiftungen" und kann besichtigt werden.

Im ersten Stock befindet sich eine „Bohlenstube". Decke und Wände sind mit Holz verkleidet. Diese Wand- und Deckenverkleidung diente zur Wärmeisolierung. Reich bemalte Laubrankenmotive und Marmorierungen schmückten früher den Raum und verliehen ihm repräsentativen Charakter. Im Erdgeschoss bietet ein Modell den Blick von allen Seiten auf die Krämerbrücke, und fachkundiges Personal gibt gerne Erläuterungen. Zur besonderen Überraschung gelangt man, obwohl man auf einer Brücke steht, über Stufen in einen Keller. Jeder Quadratmeter war in einer mittelalterlichen Stadt wertvoll, denn Fläche und Raum wurden durch die Stadtmauer stark beschränkt. Fast 20.000 Menschen drängten sich in dieser Stadt, deren

▶ Die Krämerbrücke mit Ägidienkirche

DIE KRÄMERBRÜCKE – EIN EINMALIGES KULTURDENKMAL

Da die Krämerbrücke auf beiden Seiten geschlossen bebaut und bewohnt ist, verstellen die Häuser den Blick auf den Fluss. Das macht die Krämerbrücke einmalig. Vermutlich schon ab dem 8. Jahrhundert befand sich hier ein hölzerner Fußgängerübergang und boten Krämer in kleinen Holzbuden ihre Waren feil. Bedeutet heute Kram eher Billigware, verstand man im Mittelalter darunter wertvolles bzw. importiertes Handelsgut. Die Krämer verkauften Schmuck und Edelmetalle, Gewürze, Arzneien, Färbemittel, Spezereien, wertvolle Stoffe, Pelze, Leder und anderes. Da es häufiger zu großen Bränden kam, verloren die Krämer mehrmals ihre wertvolle Handelsware und die Stadt ihre hölzerne Brücke. So vollendete man 1325 eine verbreiterte Sandsteinbrücke und je einen steinernen Kirchbau auf den Uferseiten. Die Benediktskirche gab dem Benediktsplatz seinen Namen. Diese Kirche wurde jedoch im 19. Jahrhundert abgerissen. Die Ägidienkirche ist als gotische Brückenkopfkirche erhalten. Zwischen den beiden Kirchen errichteten die Krämer ihre Holzbuden – doch Holz brennt auch auf Stein und die Flammen vernichteten wieder die kostbaren Waren. Im Jahr 1472 brannte mehr als die Hälfte der Stadt ab. Die Krämer veranlasste der wiederholte Verlust, die Stadt zu verlassen. Der Rat betrieb die Instandsetzung der Brücke. Dabei verbreiterte man sie mit Holzbalken auf den Außenseiten. Sie misst nun ca. 125 m in der Länge und 26 m in der Breite. So entstand eine Brücke, die Haus an Haus beidseitig bebaut und bewohnt ist. Die Krämer kehrten zurück, verkauften wieder fleißig und die Stadt verzeichnete gute Steuereinnahmen. Heute ist die Krämerbrücke ein Anziehungspunkt für alle Touristen, weil dort viele kleine originelle Läden dazu verführen, sich ein Andenken mit nach Hause zu nehmen.

Durchmesser unter 2 km maß. So höhlte man selbst Brückenpfeiler aus und gewann Lager- und Kellerfläche, wie in diesem ungewöhnlichen Hauskeller zu sehen ist.

Die Brücke bot früher 62 Häusern Platz. Zählt man heute, sind es nur noch 34, Baulücken sind nicht zu entdecken, denn es wurden auch Häuser zusammengelegt. Das Haus Nr. 21 heißt „Zum Weißen Strauß" und zeigt sich von außen noch in seiner originalen Breite.

Im „Haus zum Schwarzen Ross", heute Krämerbrücke 19, wohnte einst ein Stadtmusikant. Zehn Instrumente musste er beherrschen und Lehrjahre nachweisen – es war ein angesehener Beruf. Als ein betrunkener Soldat 1635 bei einer Familienfeier im Delirium gleich zwei Stadtmusikanten erschlug, wurden auch zwei Stellen frei. Das nutzten die Vorfahren von Johann Sebastian Bach, und Johann Bach, ein Großonkel des späteren Musikgenies, übernahm die Stelle eines Stadtmusikanten.

Die Bachfamilie wurde von nun an zum Synonym für die Erfurter Rats-

musikanten und beherrschte den „Musikmarkt" über hundert Jahre. Erfurt gilt somit als die Wiege der „Bache". Aus der Erfurter Linie stammt Johann Sebastian Bachs Vater, Johann Ambrosius Bach, der auch eine Erfurterin heiratete. Für Johann Sebastian Bach lässt sich nur ein einziger Aufenthalt in Erfurt wirklich nachweisen: Im Jahre 1716 prüfte er nach einer Reparatur die Orgel der Augustinerkirche. (s. S. 62)
Information: Haus der Stiftungen
Tel.: (03 61) 6 54 83 81 • www.erfurt.de
täglich 10–18 Uhr, im Winterhalbjahr am Montag geschlossen

Der Brunnen „Raufende Knaben" und Ägidienkirche auf dem Wenigemarkt

38 ÄGIDIENKIRCHE (ST. AEGIDII) S. 42

Einige Schritte weiter und man steht „unter" einer Kirche. Die evangelisch-methodistische Ägidienkirche wird erstmals 1110 als Kapelle erwähnt. Sie ist nach dem hl. Ägidius, einem bohmlschen Heiligen, dem Schutzpatron der Kaufleute benannt. Vom Wenigemarkt, der auf der anderen Seite der Kirche liegt, führte eine Handelsstraße nach Böhmen. Als man 1325 die Krämerbrücke in Stein erbaute, gestaltete man die Kirche als Brückenkopfkirche und richtete im Erdgeschoss Läden ein. Der Gottesdienstraum befindet sich im ersten Stock (Eingang unter der Kirche rechts). Die Pfarrkirche wurde nach der Reformation 1525 protestan-

tisch. Nachdem die kleine Gemeinde der Kaufmannskirche angegliedert wurde, verfiel das ungenutzte Kirchengebäude mehr und mehr. Das Dach und der Westgiebel stürzten 1582 ein. Notdürftig hergerichtet, diente sie als Lagerhaus, Asyl für Wanderburschen und entging knapp dem Abriss. Das Kirchenschiff wurde 1827 an den Kaufmann Hermann verkauft, der die Gewölbe des Erdgeschosses als Verkaufsräume und den Kirchensaal durch Einbau einer zusätzlichen Etage für Wohnraum nutzte. Der Glockenturm blieb verschont. Nach beendeter Restaurierung wird das Gebäude seit 1960 wieder als Kirche genutzt. Wer gut zu Fuß ist, ersteigt die 128 Stufen des Kirchturms, der bis zur Spitze 48 m hoch ist. Es lohnt auf jeden Fall, denn von etwa 30 m Höhe gelingt ein wunderbarer Rundblick über die Stadt.

Krämerbrücke 16/Wenigemarkt 4
Tel.: (03 61) 3 73 33 01
www.aegidienkirche-erfurt.de
Turmöffnung: Di.–So. 11–17 Uhr

39 WENIGEMARKT   S. 42

Unter der Ägiedienkirche hindurch erreicht man den Wenigemarkt. Der Name bedeutet „kleiner Markt". Er wird geprägt von der Brückenkopfkirche mit dem gotischen Fischblasenmaßwerk ihrer Fenster, ihrem spätgotischen Chorerker und seiner abgetreppten Konsole und dem Torbogen. Seit dem Ende des

14. Jahrhunderts ragt der Turm mit seinem achteckigen Helm über die Dächer der Stadt. Die älteste Glocke im Kirchturm wurde 1382 gegossen.

40 DIE FURT HINTER DER KRÄMERBRÜCKE   S. 42

Der Beweis, dass die Krämerbrücke eine Brücke ist, steht noch aus. Hier kann man ihn antreten: Biegt man direkt nach der Kirche links ab und durchquert den Torbogen, so gelangt man auf die Rückseite der Krämerbrücke. An der Krämerbrücke 17 schmückt ein gotisches Portal das „Haus zum Roten Turm". Dieses dreigeschossige Ladenhaus wurde 1461 vollendet. Links und rechts am Portal befinden sich Sitzsteine. Die letzten Schritte zur Furt

Blick von der Rathausbrücke auf die Südseite der Krämerbrücke

geht es leicht abwärts. Die breit ausgelegte Stufenanlage an der Uferseite ist der ideale Standplatz, um festzustellen, dass es wirklich eine Brücke ist.

Sechs Sandsteinbögen überspannen heute die Gera, die im Thüringer Wald entspringt. Im Mittelalter lautete der Name des Flusses aber „Erph". Das bedeutet trübes, braunes Wasser. Zwei, drei Tage Regen oder starke Schneeschmelze im Thüringer Wald reichen aus und er führt hellbraunes Wasser. Somit ist der Stadtname komplett: Er setzt sich zusammen aus dem alten Flussnamen „Erph" und der „Furt", denn parallel zur Brücke mussten die Pferdefuhrwerke den Fluss passieren.

Auf der linken Seite der Krämerbrücke führen ein paar enge Stufen auf die Brücke, der sogenannte „Lutherstieg".

41 GASTHAUS ZUM ALTEN SCHWAN S. 42

In der Gotthardtstraße befindet sich das Restaurant „Zum Alten Schwan", das erstmals 1310 als Fuhrhof genannt wurde. Ein Nachfolgebau wurde als gotisches Bürgerhaus gebaut und blieb mit der Gaststätte „Zum Alten Schwan" ohne große Unterbrechungen bis heute erhalten. Der „Alte Schwan" ist somit eines der ältesten Gasthäuser Erfurts, im Kern gotisch (15. Jahrhundert), sind Portal und Fenster aus der Epoche der Renaissance. Durch das wappengekrönte Renaissanceportal schritt einst der Wegbereiter der deutschen Klassik, Christoph Martin Wieland. Er folgte 1769 seiner Berufung als Professor für Philosophie an die Erfurter Universität und wohnte mit seiner Familie in diesem Haus.

Gotthardtstraße

CHRISTOPH MARTIN WIELAND (* 1733, † 1813)

Emmerich Joseph, der aufgeklärte Erzbischof und Kurfürst von Mainz, erreichte, dass der damals bekannteste Dichter Deutschlands an die Erfurter Hochschule kam. Wieland sollte die „Enge" der Universität aufbrechen und Reformen anstoßen. Mit großem Erfolg gestaltete er seine Lehrtätigkeit. Wichtige Werke stammen aus seiner Erfurter Zeit – u.a. „Der goldene Spiegel oder die Geschichte der Könige von Scheschian". Seine Reformgedanken fanden jedoch an der Hochschule keinen Widerhall und so folgte Wieland 1772 dem Ruf der Herzoginwitwe Anna Amalia an den Musenhof von Weimar als Prinzenerzieher.

42 DÄMMCHEN UND SCHILDCHENSMÜHLE S. 42

Neben dem „Haus zur Steinecke" (Horngasse 4), das ab 1484 als Hospital der alten Universität diente, gelingt ein „Postkartenblick" zur Krämerbrücke. Sieht man in die andere Richtung, erkennt man, dass der Fluss geteilt ist, denn die Gera windet sich in mehreren Armen durch das Stadtgebiet. In der Altstadt überspannen mehr als 100 Brücken die Flussarme. Deshalb hat Erfurt auch den Beinamen „Klein-Venedig" erhalten. Von der Horngasse gelangt man auf das sogenannte Dämmchen, eine kleine Landzunge zwischen den Flussläufen. Von hier aus hat man eine perfekte Sicht auf den Nachbau der ehemaligen Schildchensmühle, die schon 1199 genannt und bis 1954 als Mehlmühle in Betrieb war. Ehemals gab es fast 50 Mühlen in Erfurt. Sie waren ein bedeutender Wirtschaftsfaktor. Es wurde alles vermahlen, was nur zu mahlen ging. Die Mahlmühlen dienten zur Herstellung von Mehl, Öl und Gewürzen. So nannte man die Gera auch „Mahlgera". Den zweiten wichtigen Teil bildeten die Gewerbemühlen. Die Waidmühlen zerkleinerten Waidblätter zur Farbgewinnung. Die Loh- und Ledermühlen erweichten Tierhäute durch Walken mit Stampfern. Die Papiermühlen zerkleinerten Rohstoff für die Papierherstellung.

„Haus zu den Kleinen Füchsen und Roten Hirschen", vom Dämmchen aus gesehen

43 MITTELALTERLICHE MIKWE S. 42

Bei Arbeiten an der Uferbefestigung der Gera entdeckte man im Frühjahr 2007 einen Hohlraum und vermutete einen alten Keller. Aber glatt gearbeitete Steine und eng gefügt – das konnte kein Keller sein. Eine Sensation, die ehemalige Mikwe, das Ritualbad der mittelalterlichen jüdischen Gemeinde war entdeckt. In Erfurt lebte eine große und bedeutende jüdische Gemeinde. Die Mikwe ist eine der ältesten in Europa.

www.alte-synagoge.erfurt.de

44 KLEINE SYNAGOGE / BEGEGNUNGSSTÄTTE S. 42

Nach jahrhundertelanger Verbannung der jüdischen Gemeinde war Anfang des 19. Jahrhunderts ein Vorgängerbau als erstes Gotteshaus der neu gegründeten Gemeinde errichtet worden. 1840 entstand dann die neue und heute vorhandene „Kleine Synagoge" mit klassizistisch geprägter Fassade, Beetsaal mit Frauenempore und dem Kultbad/Mikwe an gleicher Stelle. Die Gemeinde wuchs und 1884 weihte man am damaligen Kartäuserring (heute Juri-Gagarin-Ring) die „Große Synagoge" ein. Nachdem die 1885 verkaufte „Kleine Synagoge" als Fasslager genutzt wurde, ging sie 1918 in städtischen Besitz über und wurde nach weite-

ren Umbauten bis 1993 zu Wohnzwecken genutzt. Somit entging sie der Vernichtung in der NS-Zeit. Nach umfangreicher Restaurierung, die den originalen Zustand so weit als möglich wiederherstellte, wurde am 60. Jahrestag der Pogromnacht vom 9. zum 10. November 1938 in dem Gebäude die „Begegnungsstätte Kleine Synagoge" eingeweiht. Sie beherbergt heute die Dauerausstellung zur jüdischen und deutsch-jüdischen Regionalgeschichte „Juden in Erfurt".

An der Stadtmünze 4–5

Tel.: (03 61) 6 55 16 60 • www.erfurt.de

Di.–So. 11–18 Uhr

45 ALTE SYNAGOGE UND JÜDISCHE GEMEINDE S. 42
★ TOP-TIPP

In der „Alten Synagoge" weisen Untersuchungen an Eichenbalken das Jahr 1094 als Datum der Baumfällung nach. Somit ist der Bau der romanischen Synagoge auf Ende des 11. Jahrhunderts anzusetzen. Von dieser ersten Synagoge sind nur noch Grundmauerreste unterhalb der Westfassade erhalten. 1221 ermordeten friesische Kaufleute und Erfurter bei einem Pogrom 26 Juden in der Stadt und brannten die Synagoge nieder. Die jüdische Gemeinde errichtete auf den Mauern der romanischen Synagoge eine neue Synagoge. Davon geben noch die dunkler erscheinenden,

Aus dem benachbarten Hof überschaut man die „Alte Synagoge" am besten

unverputzten Grundmauern und das hinter Glas geschützte romanische Doppelbogenfenster Zeugnis. Um 1270 errichtete man einen Neubau. Dass dieser im frühgotischen Stil erbaut wurde, lässt sich an der aus einem Stein gehauenen Fensterrose und den kleinen spitzbogigen Lanzettfenstern erkennen. Gegen 1300 erweiterte die Gemeinde ihr Gotteshaus um einen nördlichen Anbau, der vom Eingangsbereich (Waagegasse 8) gut zu sehen ist. Die westliche (rechte) Seite des Erweiterungsbaus ist noch erhalten. Sie zeigt den spitzbogigen Haupteingang mit Birnenstabsgewänden und die großen spitzbogigen Fenster.

Als die Pest 1347 in Europa ausbrach, wirkte sich das verheerend aus. Innerhalb von vier bis fünf Jahren kam die Hälfte der europäischen Bevölkerung um. Auch in Erfurt fielen der Pest mehrere Tausend Menschen zum Opfer. 1349 kamen Wanderprediger in die Stadt und beschuldigten die Juden, sie würden die Brunnen vergiften. Der Mob tobte, brandschatzte und mordete. Als die Lage aussichtslos wurde, verbrannten sich aus Angst viele Juden mit ihren Kindern und Frauen in den Häusern selbst. Schätzungen gehen von mehreren Hundert Opfern aus. Die Gläubigen der Synagoge waren nach diesem Exzess entweder tot oder vertrieben.

Der städtische Rat konfiszierte die nun „freien" Grundstücke. Häuser wurden verkauft oder instandgesetzt und vermietet. Die Synagoge gelangte in Privatbesitz und wurde zu einem Speicher umgebaut. Über die Jahrhunderte nutzte man sie als Lagerhaus, Gaststätte, Varieté, Tanzsaal und Kegelbahn. Um die ehemalige Synagoge wurden Häuser gebaut. Unerkannt überlebte die „Alte Synagoge" die Jahrhunderte, den 9. November 1938 wie die gesamte Zeit des Nationalsozialismus. Einzelne Wandfragmente waren noch bekannt aber keiner vermutete eine fast vollständige Bausubstanz. Aufgrund von Nachforschungen war man auf die Synagoge aufmerksam geworden. Anfang der 1990er Jahre riss man die Häuser um sie herum ab und entdeckte die in weiten Bereichen besterhaltene mittelalterliche Synagoge Mitteleuropas wieder. Die Stadt Erfurt konnte 1998 die histo-

DER ERFURTER SCHATZ

Der mittelalterliche Gold- und Silberschatz wurde am Ende von Ausgrabungen 1998 nur durch Zufall von Bauarbeitern in der östlichen Michaelisstraße entdeckt (Michaelisstraße 44). Er enthält über 3.000 französische Silbermünzen und 14 Silberbarren. Weiterhin wurden über 600 Goldschmiedearbeiten wie Silbergeschirr, Ringe und Broschen, Gürtelteile und Gewandschmuck von unschätzbarem kulturhistorischem Wert gefunden. Alle Kostbarkeiten sind zeitlich vor dem „Judensturm" von 1349 zu datieren und als gotischer Schatz von höchstem Rang anzusehen. Der Jüdische Hochzeitsring bildet den absoluten Höhepunkt dieses Schatzes. Nur zwei weitere „Hochzeitsringe" aus dieser Zeit sind weltweit erhalten. Der Erfurter Hochzeitsring gilt ob seiner Verarbeitung und Schönheit als einmalig.

Ein jüdischer Fernhandelskaufmann hatte sein Betriebs- und Familienkapital sorgfältig in Stoff eingewickelt und unter der Mauer eines Kellerzuganges versteckt, denn die Ausschreitungen gegen die Juden waren andernorts „in Gang" und auch in Erfurt zu erwarten oder bereits ausgebrochen.

rische Synagoge erwerben, sanierte sie und gestaltete sie als Museum. Es zeigt die Synagoge als einzigartiges Baudenkmal, die Geschichte der großen mittelalterlichen jüdischen Gemeinde in Erfurt, den „sagenhaften" und sensationellen Erfurter Schatzfund von 1998 und die Erfurter Hebräischen Handschriften. Die Wiederentdeckung der Mikwe, der „Alten Synagoge" und der Fund des Erfurter Schatzes sind einzigartige Glücksfälle. Erfurt verfügt damit über unschätzbare jüdische Kunst- und Kulturgüter in einer einmaligen Dichte für Mitteleuropa.

Waagegasse 8 · Tel.: (03 61) 6 55 15 20
www.alte-synagoge.erfurt.de
Di.–So. 10–18 Uhr

46 SPEICHER- UND STAPELHÄUSER S. 42

Folgt man dem weiteren Verlauf der Waagegasse, ragt bald links sichtbar in der engen Doppelkurve ein alter Prellstein aus der Hauswand. Rechts befindet sich das Tor zur „Alten Waage". Der Torbereich bildet die gerade Verlängerung der Gasse und ermöglichte den Fuhrwerken ein schnelles Ein- und Ausfahren. Die Waagegasse erhielt ihren Namen von der 1354 erbauten „Großen Waage". 1469 erweiterte man sie um zwei Grundstücke. Als „Städtischer Großmarkt" wurden die Verkaufs- und Lagerflächen mit den Speicher- und Stapelhäusern (linke

Seite) aus dem 16. und 17. Jahrhundert zusätzlich vergrößert.

Die Erdgeschosse der Speicherhäuser sind massiv gemauert, die Obergeschosse in reinem Fachwerk mit Andreaskreuzen gebaut. Die Holzbalken zeigen Schiffskehlen und verzierte Balkenköpfe. Fast am Ende der Gasse stellt sich nochmals eine große Toreinfahrt eines ehemaligen Speicherhauses in den Weg. Auch hier bezweckte diese Bauweise das gerade und damit schnellere Ein- und Ausfahren der Fuhrwerke. Heute bietet diese Mittelalterscheune im „Faustfood" Rostbratwürste an. Interessant sind die Holzkonstruktionen der oberen Geschosse, die über ein paar Stufen zu erreichen sind.

Waagegasse 1

47 HAUS ZUR NARRENSCHELLE MIT TILL-EULENSPIEGEL-DENKMAL S. 42

Hinter dem Rathaus befindet sich das „Haus zur Narrenschelle". Das Wandbild des Erfurter Künstlers Erich Enge nimmt Bezug auf Karneval, Fastnacht und Eulenspiegeleien. 1342 lassen sich die ersten Fastnachtsvergnügungen in Erfurt nachweisen.

Vor dem Haus steht das Till-Eulenspiegel-Denkmal, das die Bildhauerin Anke Besser-Güth schuf. Till Eulenspiegel ist eine historische Figur aus der ersten Hälfte des 14. Jahrhunderts, die schon zu Lebzeiten Aufsehen erregte. Viele Sagen ranken sich um ihn. Die bekannteste Sage zu seinem Erfurtaufenthalt erzählt, dass die Professoren der Erfurter Universität Eulenspiegel hereinlegen wollten. Er sollte einem Esel das Lesen beibringen. Für diese schwierige Aufgabe erbat er zwanzig Jahre Zeit und einen Vorschuss. Eulenspiegel legte Hafer zwischen die Seiten eines Buches. Der Esel „blätterte", bis er den Hafer zwischen den Seiten fand. War der Hafer alle, schrie der Esel „I–a, I–a". Nach einer Woche erbat Eulenspiegel ein erstes Urteil von den Professoren. Er legte vor den hungrigen Esel wieder ein Buch in die Futterkrippe. Das Tier suchte „blätternd" nach Hafer zwischen Seiten und rief laut „I–a, I–a". So hatte Eulenspiegel die Wette gewonnen und erhielt 500 Groschen von den düpierten Professoren.

Hefengasse

48 SPEICHERHAUS S. 42

Über dem Kellerbereich des Speicherbaus aus dem 14. Jahrhundert steht das massive Erdgeschoss, auf dem das Fachwerkgeschoss ruht. Die Fertigstellung wird über den Wappen der Patrizierfamilien Kellner und Markgräfe mit 1469 benannt. Das Wappen der Familie Kellner (links) zeigt drei Lilien in schwarzem Feld über einer zinnen-

gekrönten Mauer mit roter Rose und das Wappen der Waidhändlerfamilie Markgräfe (rechts) ein einzelnes grünes Waidblatt.

An der Stadtmünze 1

49 COMTHURHOF S. 42

Das große Renaissancegebäude wurde 1573 fertiggestellt. Teile eines gotischen Vorgängerbaues wurden dabei einbezogen (Wendeltreppe und Teile des Erdgeschosses).

Der Comthurhof war der Verwaltungssitz für einen Verwaltungsbereich (Comthurei) eines Ritterordens, hier des Deutschritterordens (auch: Deutsche Ritter; Ordenszeichen: schwarzes Kreuz auf weißem Mantel).

Vor allem die Wappentafel, das große Rundbogenportal und die profilierten Fenster machen den Reiz des Gebäudes aus. Die Wappen des damaligen Deutschmeisters, Wolfgang Schutzbar, des Landcomthurs von Rehen und des Comthur von Erfurt Franz von Hatzfeld werden hier präsentiert. Die Rückseite des Baus erhält durch den sechseckigen Renaissancetreppenturm ihre Besonderheit. Eine gotische Treppenspindel führt in alle Stockwerke. Ab 1198 sind die Deutschritter in Erfurt nachweisbar, die das Gelände des späteren Comthurhofes erwarben. 1288 erhält der Kreuzritterorden das Patronatsrecht der

Pfarrkirche St. Nikolai und nutzte sie als Ordenskirche. Sie lag ganz nah hinter dem Comthurhof, wurde aber Mitte des 18. Jahrhunderts abgerissen; nur der Turm steht noch (Nikolaiturm).

Comthurgasse 4

50 EHEMALIGES AUGUS-TINERKLOSTER MIT AUGUSTINERKIRCHE S. 42

S. 42

★ TOP-TIPP

Hier lebten seit 1276 die Augustiner-Eremiten, ein Bettelorden. Betritt man das Klostergelände über die Augustinerstraße, so erreicht man nach wenigen Schritten die schlichte Westfassade der ehemaligen Klosterkirche. Bereits im schmucklosen Eingangsbereich spiegelt sich die Gesinnung der Bettelmönche wider. Das Kloster erlitt im Zweiten Weltkrieg schwere Schäden. Bomben zerstörten die Waidhäuser und die Bibliothek völlig. Sie wurden 2008 bis 2010 in moderner Form an alter Stelle wiedererbaut.

In der Kirche unterstreicht eine hölzerne Spitztonnendecke den Verzicht auf Schmuck und Ausstattung. So wird der Blick sofort auf die farbenprächtigen Glasfenster im Chorraum gelenkt. Die fast 700 Jahre alten Fenster – um 1300 bis 1330 angefertigt – verleihen der Basilika ihren unverwechselbaren Charakter.

Das mittlere Fenster der geraden Chorwand, das „Christusfenster", zeigt die Lebensgeschichte Jesu.

Die Anlage des Augustinerklosters im 16. Jh., Zeichnung um 1870 von E. Scharffenberg

GESCHICHTE DES KLOSTERS UND DER AUGUSTINERKLOSTERKIRCHE

Nach den Franziskanern (1224) und Dominikanern (1228) kamen die Augustinermönche zehn Jahre nach ihrer Ordensgründung als dritter Bettelorden (1266 bzw. 1276) nach Erfurt. In kurzer Bauzeit (1286–1340) entstanden sowohl Klosterkirche mit Chorraum als auch fast die gesamte Klosteranlage mit Kreuzgang. Heinrich von Friemar d. Ä., Professor an der Pariser Universität, baute aus Paris kommend ab 1315 eine Klosterschule auf. Er brachte seine Bibliothek in das Kloster ein. Die Sammlung vergrößerte sich zunehmend über Schenkungen und ist der Schatz des Klosters. 1505 bis 1511 lebte Martin Luther bis auf kurze Unterbrechungen im Kloster. Der langjährige Freund Luthers und Prior des Augustinerklosters Johannes Lang trat mit weiteren Mönchen 1522 aus dem Kloster aus. Die Reformation fasste – vor allem auch durch Johannes Lang – in Erfurt schnell Fuß. Die Klosterkirche wurde 1525 evangelisch.

Als 1848 die Entscheidung fiel, das Unionsparlament hier tagen zu lassen, wurde die Kirche auf Staatskosten saniert und zu einem Sitzungssaal umgestaltet. Das Unionsparlament sollte nach dem Scheitern der Frankfurter Nationalversammlung eine Verfassung für eine Union deutscher Staat unter Preußens Führung erarbeiten. Die Parlamentarier tagten im März und April 1850 – unter ihnen der noch junge Bismarck. Der erarbeitete Verfassungsentwurf scheiterte jedoch kurze Zeit später. 1851 bis 1854 wurde der Innenraum zur Kirche „rückgestaltet" und erhielt eine neogotische Ausstattung. In den Jahren 1936 bis 1938 entfernte man diese und stellte weitestgehend den mittelalterlichen Bauzustand wieder her.

Das rechte „Teppichfenster" verweist mit seiner ineinandergreifenden und verschlungenen Kreisornamentik symbolhaft auf die Ewigkeit, Vollkommenheit und Allmacht Gottes. Das linke „Löwen- und Papageienfenster" erzählt in seinen Bildern von Maria und Christus. Die Menschen des Mittelalters verstanden die Rose, die Königin der Blumen, als ein Symbol für Maria, die Himmelskönigin. Maria, die von Gott auserwählte Mutter Jesu, wird durch die Lilie verdeutlicht. Auch der Sittich symbolisiert Maria. In der mittelalterlichen Marien-

dichtung beschrieb man das Herz Mariens als rein und sündenfrei. So wie das Gefieder des Vogels frei von Nässe trotz Regen bleibt, so unberührt ist das Herz Mariens von aller Sünde. Die Rosen dieses Fensters waren Martin Luther Vorbild für die „Lutherrose" in seinem Wappen. Die Löwen deuten auf Jesus Christus, den „Löwen aus Juda". Auch die Weinblätter „sprechen" von Christus, denn man wird an das Gleichnis des Johannesevangeliums „Ich bin der Weinstock und ihr seid die Reben" (Joh 15,5) erinnert. Eichenblätter weisen auf die Unsterblich-

keit hin, die man durch die Fürspra-
che Mariens und durch Christus
erlangt. Gleichzeitig stehen die drei
Fenster mit ihrer Zahlensymbolik
für die Dreieinigkeit Gottes. Auf der
Nordseite des Chores – links vom
Löwen- und Papageienfenster –
erzählt das „Augustinusfenster" in
27 Scheiben das Leben des hl. Augustinus (* 354, † 430). Es ist der frü-
heste und ausführlichste Bildzyklus, der den Lebensweg des großen
Theologen in seinen Höhen und
Tiefen darstellt. In das Augustiner-
fenster wurden verlorene Scheiben
durch neun Bilder ergänzt (von unten gezählt Zeilen 5 bis 7), die das
Leben des hl. Martin, Stadtpatron
von Erfurt, erzählen. Ausgelagert
überstanden alle Fenster den Zweiten Weltkrieg.

Auf der Westseite der Kirche zeigt
das Kirchenfenster von 1947 Personen des Alten und Neuen Testa-
ments (Entwurf von Kirchberger,
Weimar; Werkstatt: Glasmalerei
Müller, Quedlinburg). Das Fenster
wird von der zweigeteilten Wal-
cker-Orgel (1938) gerahmt. An der
südlichen Chorwand befindet sich
das Schwellwerk der Orgel, auf der
Empore Hauptwerk, Positiv und
Hauptpedal. Die Orgel kann auch
von einem kleineren Spieltisch im
Chorraum aus genutzt werden. Sie
besitzt 48 Register und 3.700 Pfeifen. Das südliche Seitenschiff bezieht den außen angrenzenden

Kreuzgang so ein, dass auf ihm die
Südempore aufsetzt. Der Gesamt-
bau der Basilika ruht auf sieben
achteckigen Pfeilern, die gotische
Spitzbogenarkaden verbinden und
den Raum klar gliedern. Die neogotische Kanzel wurde 1854 eingebaut. Weitere Kunstwerke der
Kirche sind ein spätgotischer Taufstein (letzte Hälfte 15. Jahrhundert), Grabsteine des Dietrich von
Brun († 1462) und der Margarete
Moesen († 1512) sowie das Gemälde einer Kreuzigung des Erfurter
Barockmalers Jakob Samuel Beck
(* 1715 in Erfurt, † 1778 in Erfurt) an
der Westseite des nördlichen Seitenschiffes.

Für eine besinnliche Einkehr bietet sich rechter Hand das „Kloster-
stübchen" an. Die evangelischen
Schwestern des Casteller Rings
schufen 1997 mit diesem Kloster-
Café eine Begegnungsstätte für
die Erfurter. Sie kredenzen leckeren
selbst gebackenen Kuchen und guten Kaffee. Seit 1996 pflegt die kleine Gemeinschaft die geistliche Tra-
dition dieses Klosters weiter.

Augustinerstraße 10

Mo./Mi.–Sa. 10.30–17.30 Uhr

Von der Augustinerstraße blickt
man auf die Turmseite der Klosterkirche. Nach über zehnjähriger Bauzeit fand der schlanke Turm erst
1444 – gute hundert Jahre nach
Vollendung der Kirche – als acht-

eckiger Glockenturm sein Bauende. Am unteren Stockwerk stehen drei Heilige: Philippus mit Buch und Jakobus der Jüngere mit Walkerstange als Schutzheilige der Kirche sowie in der Mitte Katharina, die die Mönche als Patronin der Geisteswissenschaften besonders schätzten. Die Turmfiguren und die Augustinusfigur am Nordportal stammen aus der Werkstatt des Meisters von St. Augustin, alle sind um 1440 entstanden. Unter der Skulptur des Augustinus befindet sich ein ehemaliger Opferstock. Auf der östlichen (linken) Ecke des Seitenschiffes ist der Rest einer Außenkanzel zu sehen.

Augustinerkloster

Tel.: (03 61) 57 66 00

www.augustinerkloster.de

Mo.–Fr. 8–20 Uhr, Sa./So. 8–18 Uhr

Führungen durch Kirche und Kloster

Apr.–Okt. Mo.–Sa. 10, 11, 12, 14, 15, 16, 17 Uhr

Nov.–März Mo.–Sa. 10, 11,12, 14, 15, 16 Uhr, So./Feiertag nach dem Gottesdienst ab 11, 14, 15 Uhr, 24. Dez. 10 und 11 Uhr, 25./ 26./ 31. Dez. 11 Uhr, 1. Jan. 11 Uhr

51 GEORGENBURSE S. 42

Unweit vom Kloster liegt als Hinterhaus versteckt die „Georgenburse". In diesem Wohnheim für Studenten hat Martin Luther 1501 bis 1505 als Student gelebt und gelernt. Die Georgenburse wurde in Vorberei-

tung des Lutherjubiläums 1983 saniert. Grund war, dass die politische Führung der DDR ab den 70er Jahren die deutsche Geschichte neu „entdeckte" und die Teile vereinnahmte, die sie zur historischen Begründung ihres „fortschrittlichen" Arbeiter- und Bauernstaates gebrauchen konnte. So wandelte sich auch die offizielle Sprachreglung für Luther vom „Fürstenknecht" und „Bauernverräter" zu „einem der größten Söhne des deutschen Volkes" und seine Wirkungsstätten standen nun in hohem Ansehen. An der Georgenburse vorbei, über den Hof- und Torbereich gelangt man in die Michaelisstraße. Schräg rechts steht ein allein stehender Kirchturm, der Georgsturm.

Augustinerstraße 27

52 AOK-GEBÄUDE S. 42

Dieser dreigeschossige Bau wurde nach den Entwürfen des Erfurter Architekten Theo Kellner (* 1899 in Erfurt, † 1969 in Erfurt) und des Berliners Felix Hinz Hinssen 1929 im Stile der „Neuen Sachlichkeit" erbaut – ein für damalige Zeit spektakulärer Bau. Das stumpfwinklig zurückgesetzte Erdgeschoss der Krankenkasse wird von zwei Rundpfeilern getragen. Die beiden oberen Etagen sind mit Naturstein verkleidet. Die Plastiken der Portaleinfassung schuf der Erfurter Bildhauer Hans Walther (* 1888 in

DIE FÜNF WAISEN VON ERFURT

In unmittelbarer Nähe zum Augustinerkloster, in der Johannesstraße steht der bis zur Spitze gemauerte Johannesturm. Er ist neben dem Bartholomäusturm am Anger, dem Georgsturm in der Georgsgasse, dem Nikolaiturm in der Augustinerstraße und dem Paulsturm in der Paulstraße einer der fünf Türme in Erfurt, deren Kirchenraum abgerissen wurde.

Erfurt, † 1961 in Erfurt). Auf der linken Seite sind von oben nach unten die Auszahlung des Kindergeldes, Zahnbehandlung, Unfallhilfe sowie auf der rechten Seite Rentenversorgung, Mütterberatung und Mutterfreude dargestellt.

Augustinerstraße 38

53 ELISABETHKAPELLE S. 42

Im Erdgeschoss des Nikolaiturmes befindet sich ein einmaliges Kunstwerk, die „Elisabethkapelle". Auf mittelalterlichen Gipsputz wurde ein Wandbildzyklus im quadratischen Kapellenraum zum Leben der hl. Elisabeth von Thüringen geschaffen. Die Verehrung Elisabeths von Thüringen (* 1207, † 1231) hatte sich im Mittelalter sehr schnell und stark ausgeprägt. Neben Maria verehrte der Deutsche Orden Elisabeth nach deren Heiligsprechung (1235) als Hauptheilige. Als Bauherr des Turmes gab wahrscheinlich auch der Deutschritterorden um 1360/61 den Auftrag für die Bildszenerie. In kräftigen Farben und feinen Gesichtszügen der Figuren wurde die Secco-Wandmalerei (auf trockenem Putz) gestaltet. Diese litt durch die Zweckentfremdung der Kapelle und geriet in Vergessenheit. Ende der 70er Jahre des letzten Jahrhunderts wiederentdeckt, konnten nur notwendigste Sicherungsmaßnahmen vorgenommen werden. Erst 2007, zum 800-jährigen Geburtsjubiläum der Thüringer Landgräfin Elisabeth, wurde nach fundierter wissenschaftlicher Vorarbeit und mehrjähriger Restaurierung die Kapelle der Öffentlichkeit übergeben. Die Bilder zeigen Elisabeth in großer Innigkeit und Fröhlichkeit mit ihrer Familie. Die hl. Elisabeth wird heute konfessionsübergreifend ob ihres sozialen Engagements und weil sie sich unter Einsatz ihres Lebens für die Armen und Kranken einsetzte, verehrt. Sie ist Schutzpatronin des katholischen Bistums Erfurt.

Augustinerstraße (im Nikolaiturm)

Tel.: (03 61) 57 66 00

www.augustinerkloster.de

Führungen: Mai–Okt. Di.–Fr. 16 Uhr, Sa. 11, 14, 15 Uhr oder nach (tel.) Anfrage, Nov.–Apr. nur nach tel. Anfrage

54 SCHOTTENKIRCHE ST. NICOLAI UND JACOBI S. 42

Etwas versteckt am Ende der Schottengasse steht die katholische Pfarrkirche St. Nicolai und Jacobi. Sind ihre Türen verschlossen, werden sie auf Nachfrage im Büro für interessierte Besucher geöffnet. In der Romanik gebaut und als Sakralbau bis heute erhalten, ist sie auch die älteste Kirche Erfurts „in Funktion". Irische Benediktinermönche gründeten von ihrem deutschen Mutter-

Das Hauptschiff der Schottenkirche, der ältesten als Gotteshaus genutzten Kirche Erfurts

kloster Regensburg aus 1136 dieses Kloster und begannen gleichzeitig mit dem Bau einer Basilika. Heute ist nur noch die Klosterkirche erhalten. Ihr äußeres Erscheinungsbild wird von der vorgeblendeten barocken Westfassade und dem Turm mit einer welschen Haube geprägt. Über die Jahrhunderte griffen Brand, Zerfall, Wiederaufbau und Restauration stark in das ursprünglich romanische Baukonzept einer kreuzförmigen dreischiffigen Pfeilerbasilika mit Doppelturmanlage (um 1230) ein. Im oberen Teil der Barockfassade steht Jakobus der Ältere. Mit seinen Attributen Pilgerstab und Krug sowie Muscheln auf Umhang und Pilgerhut zeigt er sich als Schutzheiliger der Kirche und als Schutzpatron der Pilger, die auf ihren Wegen zu den Heiligtümern des Mittelalters hier Station einlegten.

Ein Dreiecksgiebel auf Säulen rahmt das Hauszeichen am „Haus zum Stockfisch"

Schottenstraße 11 • Tel.: (03 61) 6 42 24 43
www.schotten-erfurt.de
Besichtigung nach telefonischer Vereinbarung, Mai–Sept. So. 10–13 Uhr

55 STADTMUSEUM – HAUS ZUM STOCKFISCH S. 42

Der Name des Hauses stammt schon aus der Zeit, in der Stockfische – luftgetrockneter Kabeljau – ein beliebtes Fernhandelsgut waren.

Paul Ziegler, ein Waidhändler und Biereige, ließ 1607 auf einem mittelalterlichen Keller das Wohn- und Geschäftshaus im Stil der Spätrenaissance aufbauen. Durch seine aufwendige Gestaltung gehört das „Haus zum Stockfisch" heute zu einem der bedeutendsten Baudenkmale der Spätrenaissance in Erfurt. Die massive Erdgeschosszone wurde vollständig mit schachbrettartigen Steinquadern geziert, die abwechselnd hervor- oder zurückgesetzt sind. Die hervorragenden Steinquader sind zugespitzt, die zurückgesetzten mit Beschlagwerkmustern verziert. Keines gleicht dem anderen. Putz verdeckt das Fachwerk der Obergeschosse. Fast mittig wurde der zweigeschossige, mit reichem Renaissancedekor versehene Erker mit Ziergiebel gesetzt, der bis zur Dachhöhe reicht. Die Wappen der Erstbesitzerfamilien Milwitz und Ziegler wurden am Erker platziert. Die Stadt Erfurt kaufte

1905 das „Haus zum Stockfisch" und brachte darin die kunstgewerbliche Sammlung unter. Seit 1974 fand hier das Museum für Erfurter Stadtgeschichte seinen Platz.
Johannesstraße 169
Tel.: (03 61) 6 55 56 50
www.stadtmuseum-erfurt.de
Di.–So. 10–18 Uhr

56 KAISERSAAL S. 42

Der Name „Kaisersaal" ist auf das Kaisertreffen, den Fürstenkongress von 1808, zurückzuführen. Kaiser Napoleon traf im Oktober 1808 den russischen Zaren Alexander I. in Erfurt. Die Stadt unterstand direkt dem Franzosenkaiser – Erfurt war seine „persönliche Reserve". So konnte Napoleon als Gastgeber auftreten und empfing den russischen Zaren auf „halber Strecke". 34 gekrönte Häupter des Rheinbundes, die deutschen Könige von Bayern, Sachsen, Württemberg und Westphalen, „jeder", der Rang und Namen hatte, kam zum Kongress nach Erfurt.

1990 wurde der Kaisersaal umfassend saniert und der Zustand von von 1870 wiederhergestellt. Dabei wurde ein bedeutendes Deckengemälde (um 1880) freigelegt, das heute wieder den Kaisersaal schmückt.
Futterstraße 15–16
Tel.: (03 61) 5 68 81 21
www.kaisersaalerfurt.de

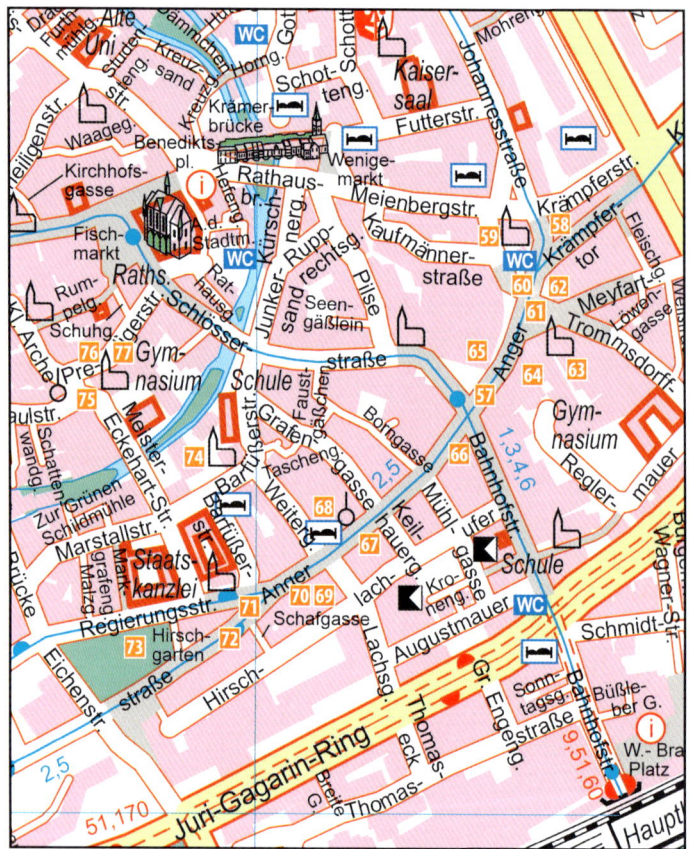

RUND UM DEN ANGER

57 ANGER S. 70

Der Anger ist das aktuelle Zentrum Erfurts und liegt südöstlich der Altstadt zwischen Dom und Hauptbahnhof. Im Mittelalter fand hier u. a. der Handel mit Färberwaid statt, daher wurde er auch Waidanger genannt. In den 70 Jahren des letzten Jahrhunderts wurde der Anger zu einem Einkaufsboulevard

▲ Zwischen Kaufmannskirche und „Anger 1" befindet sich ein weiteres Zeugnis für den Stil der „Neuen Sachlichkeit" in Erfurt – das Anger Entree

umgestaltet. Besonders interessant ist die Bebauung am Anger, die historisch und architektonisch bemerkenswert ist.

58 ANGER ENTREE S. 70

Das Anger Entree gehört zu den interessanten Architekturzeugnissen im Stadtbild. Der siebengeschossige Bau wurde 1928/29 nach den Plänen des Architekten Heinrich Herrling errichtet. Die äußere Erscheinung des Stahlbetonbaues wird vor allem durch die horizontalen Fensterbänder und Runderker des niedrigeren Seitenteils geprägt, die sich markant vom höheren rechteckigen Hauptteil absetzen. Heute bietet das Gebäude, das eine abwechslungsreiche Nutzung aufweisen kann, die auch starke Veränderungen im Innenausbau mit sich brachte, Verkaufs- und Büroflächen.

Johannesstraße 182/Ecke Krämpfertor

59 KAUFMANNSKIRCHE ST. GREGOR S. 70

Der evangelischen Kaufmannskirche stehen zwei Türme „zur Seite". Die kurze und querschifflose im Basilika-Stil erbaute Kirche kann auf eine sehr lange Geschichte verweisen. 1522 predigte Martin Luther hier. Zwischen 1584 und 1625 erhielt die Kirche ihre Renaissanceausstattung durch die Erfurter Steinmetz- und Holzbildhauerwerkstatt Friedemann. Während des Dreißigjährigen Krieges diente sie als schwedische Garnisionskirche. Johann Ambrosius Bach, der Vater von Johann Sebastian Bach, empfing hier die Taufe und heiratete in der Kaufmannskirche. 73 Bach-Kinder wurden hier getauft, 19 Bach-Paare getraut und 60 Familienmitglieder auf dem Friedhof der Kaufmannskirche begraben. Darüber hinaus besitzt die Kaufmannskirche Bedeutung als eine Stätte der friedlichen Revolution 1989 in Erfurt.

Anger • Tel.: (03 61) 2 62 69 62

Mo.–Sa. 11–17 Uhr

60 LUTHER-DENKMAL S. 70

Der wohl bedeutendste „Erfurter" – Martin Luther – hat vor der Südseite der Kaufmannskirche ein Denkmal erhalten. 1889 wurde das Denkmal vor der Kirche, in der Luther am 22.10.1522 als Reformator predigte, aufgestellt und eingeweiht. Der Berliner Bildhauer Fritz Schaper schuf eine 2,25 m hohe Statue und die Sockelreliefs. Die Gesamthöhe misst etwa 6 m. Die Körpersprache zeigt einen standhaften, entschlossenen Martin Luther, der sich „an die Bibel hält". Die Bronzereliefs stellen drei Stationen aus dem Leben Luthers dar, die ihn mit Erfurt verbinden: als Student unter Kommilitonen, seinen Abschied vor seinem Klostereintritt und seinen bejubelten Einzug in Erfurt auf seinem Weg zum Wormser Reichstag. Auf dem Denkmalsockel steht: „Ich werde nicht sterben, sondern leben und des Herrn Werk verkuendigen" (Psalm 118, 17). „Es ist mein Psalm, den ich lieb habe …", schrieb Luther.

61 NEUER ANGERBRUNNEN S. 70

Den 1982 eingeweihten Angerbrunnen schuf der Bildhauer Waldo Dörsch aus Suhl. Der bronzene Brunnenaufsatz auf Naturstein trägt den offiziellen Namen „Sozialistische Lebensfreude" – die Erfurter nennen ihn jedoch „Neuer Angerbrunnen". Dörsch beschrieb sein

Der einstige Brunnen „Sozialistische Lebensfreude" heißt heute „Neuer Angerbrunnen"

Werk als Metapher für „dynamische Lebenskräfte" und „Pathos vitaler Bewegung und ständiger Erneuerung der Natur".

62 EINKAUFSGALERIE ANGER 1   S. 70

Albert und Ernst Giese bauten 1906 bis 1908 das Kaufhaus „Römischer Kaiser" im historisierenden Stil. Der Name stammt von dem Hotel, das nach Abbruch u.a. den Platz für das Warenhaus bot. Die Brüder Georg und Martin Tietz und ihre Geschäftspartner Artur Arndtheim und Siegfried Pinthus eröffneten 1908 am östlichen Ende des Angers das Warenhaus. Seitdem steht die Adresse „Anger 1" für das erste Haus am Platz und das größte Kaufhaus Thüringens. Die charakteristische Jugendstilfassade krönte eine gläserne Weltkugel und figürlicher und ornamentaler Schmuck über dem Portal. Im „Arisierungsvollzug" wurden die jüdischen Geschäftsführer 1937 enteignet. Als äußeres Zeichen dafür wurde 1939 die Glaskugel beseitigt. Nach großen Umbau- und Renovierungsarbeiten öffnete die „Einkaufsgalerie Anger 1" im Jahr 2000. Zahlreiche Boutiquen und Geschäfte sowie kulinarische Angebote locken seitdem auf 23.000 m^2 Verkaufsfläche und vier Etagen täglich rund 30.000 Be-

SEHENSWERTES

sucher in den Konsumtempel. Auch die Portalanlage mit Oberlicht und Figurennischen wurde 2000 wieder originalgetreu hergestellt.

Anger 5 • Tel.: (03 61) 5 65 50 20
www.ursulinenkloster-erfurt.de
Mo.–Fr. 10.30–11.30,
14.30–15.30 Uhr

63 URSULINENKLOSTER S. 70

Inmitten von Geschäften, dem Lärm und der Hektik einer Großstadt liegt das älteste „lebendige" Kloster Erfurts mit einer über 800-jährigen Geschichte, das heute von den Ursulinen geführt wird. Der 1535 in Italien gegründete Orden widmet sich vor allem der Schulausbildung von Kindern und Jugendlichen, so auch in Erfurt. Auf dem Klostergelände befinden sich heute das Bischöfliche Bildungshaus „St. Ursula" und ein katholisches Gymnasium. Die Schwestern wirken in den Kindertagesstätten für Vorschul- und Schulkinder und im Gästebereich für Menschen, die Abstand von ihrem Alltag und ihren Belastungen suchen. Bei einem Brand wurden die ursprünglich romanische Klosterkirche und das Kloster zerstört. Im gotischen Stil neu errichtet, brannte sie 1944 bei einem Bombenangriff völlig aus. 1950 wurde der Wiederaufbau mit dem Spitztonnengewölbe abgeschlossen. Die Kirche ist zweischiffig mit flachem Ostabschluss. In der Dreifenstergruppe des Hauptschiffs zeigen die frühgotischen Maßwerkfenster seit 1983 Glasmalerei des Prager Künstlers Antonin Klouda.

64 DIE HÄUSER ZUM LÖWEN S. 70

Das „Haus zum Schwarzen Löwen" ist ein dreigeschossiges Renaissance-Wohnhaus mit großer Tordurchfahrt und wurde 1577 von Hermann Worm gebaut. Er war Waidjunker und besaß auch das Bierbraurecht (Biereige). In der Mitte des Portalbogens stehen die Anfangsbuchstaben des Erbauers H und W und darüber im Hauszeichen der Spruch „Christ allein ist mein Eckstein". Das rechte Portal stammt von 1632. Die schwedische Königin Marie Eleonore, Gattin Gustav Adolfs, wohnte hier vom 30. Oktober bis Mitte Dezember 1632 und empfing hier auch die Nachricht zum Tode ihres in der Schlacht bei Lützen gefallenen Mannes – eine Gedenktafel von 1928 rechts neben dem rechten Bierloch erinnert daran.

Das „Haus zum Weißen Löwen" (Anger 10) wurde nach dem Entwurf des Architekten Friedrich Granhold vollendet. Der Giebel nennt 1896 als Baudatum und zeigt das Symbol der Freimaurerloge. Im Vorgängerbau befand sich 1631 bis 1635 und 1636 bis 1650 die schwedische Statthalterei.

74

Viele Baustile sind mit Blick zur Kaufmannskirche zu erkennen: Historismus/Neorenaissance – Hauptpost (links), Gotik – Kaufmannskirche, Bauhaus (Mitte/Vordergrund) – Anger Entree, 14-stöckiges Hotelgebäude („DDR-Neubau", 1980 vollendet, Mitte/Hintergrund), Historismus/Neobarock – Einkaufsgalerie „Anger 1".

schuf, mit neogotischer Klinkerfassade gebaut. Der nördliche Bauteil wurde 1905 bis 1907 im Neorenaissancestil nach den Plänen des Architekten Klamodt angebaut. Nach umfangreichen Sanierungsarbeiten 2006/7 befinden sich in dem Postgebäude auch Geschäfts- und Büroflächen.

Anger 66–73

65 HAUPTPOST S. 70

Das Hauptpostamt an der Ecke Anger/Schlösserstraße wurde als mehrflügelige und riesige Anlage mit drei Innenhöfen 1882 bis 1886 nach den Plänen des Architekten Julius Carl Raschdorff (* 1823, † 1914), der auch den Berliner Dom

66 ANGERMUSEUM S. 70

Im Auftrag des Mainzer Statthalters Philipp Wilhelm von Boyneburg entstand wohl nach den Plänen von Maximilian von Welsch zwischen 1706 und 1712 der Pack- und Waagehof. Der Bau ersetzte ab 1712 die „Große Waage" der Michaelisstraße.

Die Hauptpost mit neogotischer Klinkerfassade

Die Freiplastiken schuf Gottfried Gröninger. Die Szene im Giebel über dem Hauptportal zeigt, wie der hl. Martin seinen Mantel mit dem Bettler teilt.

Seit 1886 befindet sich im ehemaligen kurmainzischen Packhof das Angermuseum. Es beherbergt zahlreiche Kunstwerke des Mittelalters bis hin zur klassischen Moderne mit dem „Heckelraum". Unter anderem sind Werke der Maler Jacob Samuel Beck, Joseph Anton Koch, Caspar David Friedrich, Carl Blechen, Friedrich Nerly, Carl Rottmann, Anselm Feuerbach, Carl Schuch, Andreas Achenbach, August Wilhelm Ferdinand Schirmer, Friedrich Preller und Carl Spitzweg in der Erfurter Galerie vertreten. Weitere Schwerpunkte bilden die Weimarer Malerschule und die Moderne. Erich Heckel malte 1922 bis 1924 in einem gewölbten Raum die „Lebensstufen", die als die wichtigsten expressionistischen Wandbilder Deutschlands gelten.

Die Kunsthandwerkliche Sammlung zeigt Fayencen, Glas, Porzellan, Möbel und zeitgenössischen Schmuck.

Anger 18 · Tel.: (03 61) 6 55 16 51

www.angermuseum.de

Di.–Sa. 10–18 Uhr

◄ Mit rötlichem Sandstein errichtet, bereichert das Haus Nr. 55 die Architekturpalette des Angers mit Spät-Jugendstil

67 DAS SPARKASSEN-
GEBÄUDE   S. 70

Die Filiale der ehemals Mitteldeutschen Landesbank entstand nach den Plänen der Architekten Johannes Klaß und Ludwig Boegl in den Jahren 1928/30 im Stil der „Neuen Sachlichkeit". Horizontale Fensterbänder gliedern die travertinverkleidete Fassade der heutigen Sparkasse Mittelthüringen. Der Erfurter Künstler Hans Walther gestaltete die senkrechten Bildfriese. Die stehenden Figuren zeigen links „leichtsinnige Geldverschwendung" und rechts „vorsorgendes Sparen" und werden jeweils in ihren Folgen interpretiert – hockende und sitzende Figuren.

Anger 25

68 DAS ERFURTER
CARILLON   S. 70
★ ENTDECKER-TIPP

Seit 1979 erklingt ein großes Carillon vom Bartholomäusturm. Die Bronzeglocken wurden in der Glockengießerei Apolda gegossen. Für Entwurf, Klang, Abstimmung der Glocken, Leitung des Gusses, Projektierung der Spielanlage und Neuentwicklung des Glockenklaviers stehen die Namen Peter und Margarete Schilling, Apolda. Die größte Glocke wiegt 2.393 kg und misst knapp über 1,5 m Durchmesser, die kleinste rund 20 kg und 21 cm. Alle Glocken wiegen zu-

Figurenfries an der Sparkasse am Anger: leichtsinnige Geldverschwendung (links), vorsorgendes Sparen (rechts)

sammen 13,6 t, die gesamte Anlage über 20 t. Das Erfurter Glockenspiel zählt mit seinen 60 Glocken zu den wenigen Fünfoktaven-Carillons in Europa. Auf einem Carillon kann jede Musik, die für Tasteninstrument komponiert wurde, gespielt werden. Seit 1992 wurde eine automatische Abspielvorrichtung eingebaut, die über computergesteuerte Magnethämmerschläge die Glocken täglich 10, 12 und 18 Uhr verschiedene Melodien erklingen lassen. In den Sommermonaten spielt an jedem zweiten Samstag von 16 bis ca. 16.45 Uhr ein Carilloneur.

Anger 52 • Tel.: (03 61) 6 55 56 52

www.stadtmuseum-erfurt.de

Die Besichtigung des Glockenspieles ist auf Anfrage möglich.

69 BISMARCK-HAUS S. 70

Weiter auf dem Anger entlang steht ein Jugendstilgebäude (Anger 34) – um 1900 gebaut – und daneben das sogenannte „Bismarck-Haus", das 1900 nach den Plänen des Erfurter Architekten Rudolf Walther (* 1862 in Erfurt, † 1942 in Erfurt) fertiggestellt wurde. Die Fassade des Erd- und ersten Obergeschosses ist fast völlig in großen Glasfenstern aufgelöst, während darüber eine geschlossene Steinfassade mit Mittelerker und seitlichem Giebel wuchtig ruht.

Im Vorgängerbau wohnte Otto von Bismarck im März/April 1850, als er am „Erfurter Unionsparlament" teilnahm. Von 1904 bis 1948 stand hier die Originalstatue Bismarcks, seit 2004 schließt die Lücke eine neue von Christian Paschold gearbeitete Bismarck-Figur.

Anger 33

70 HAUS DACHERÖDEN S. 70

Im „Haus Dacheröden" tauschten sich Goethe, Schiller, Herder, Wieland und Wilhelm von Humboldt mit den Intellektuellen der Stadt aus.

Die vereinheitlichte Fassade mit Erker des 16. Jahrhunderts überdeckt, dass es sich ursprünglich um zwei Häuser handelte – links das „Haus zum Güldenen Hecht" und rechts das „Haus zum Großen und Neuen Schiff". Über dem rundbogigen Gewändenischenportal steht die Jahreszahl 1557 und wird mit rankengeschmücktem Gebälk gerahmt. Medaillons zeigen links Christus

und rechts Paulus. Die zwölf Gaupen gliedern den dreigeschossigen Dachstuhl. Der pensionierte Kammerpräsident Karl Friedrich Freiherr von Dacheröden (* 1732, † 1809 in Erfurt) war ein Freund des Mainzer Statthalters von Dalberg.

Anger 37/38

71 ALTER ANGERBRUNNEN S. 70

Der 1890 eingeweihte neobarocke Brunnen wird von den Erfurtern „Alter Angerbrunnen" genannt. Der Berliner Architekt Heinrich Stöckhardt und der Berliner Bildhauer Heinz Hoffmeister schufen diese monumentale Brunnenanlage. Acker- und Gartenbau verkörpert Flora, die römische Göttin der Blüte, die mit ausgestreckter Hand dem Betrachter eine Rose anbietet. Die Attribute Blumen und Früchte – ein Symbol für die Blumen- und Gartenstadt Erfurt – werden von

---

FRIEDRICH SCHILLER (* 1759, † 1805)

Schillers erster Erfurtaufenthalt 1787 ergab sich nur, weil er die Tochter einer Bekannten im Ursulinenkloster besuchte. Doch Erfurter prägen ganz entscheidend Schillers Lebensstationen. So „vermittelte" Caroline von Dacheröden zwischen Charlotte von Lengefeld und Schiller, seiner späteren Frau. Sein nächster Erfurtbesuch am 18. Februar 1790 führte ihn ins „Dacherödsche Haus". Hier traf er auf seine Braut Charlotte von Lengefeld und deren Schwester. Er verbrachte „drei angenehme Tage" und brach mit Charlotte und den Gästen zur Trauung nach Wenigenjena auf. Der Statthalter Dalberg schätzte den jungen Dichter und wurde dessen Gönner und Förderer. Im Frühjahr 1791 erlebte Schiller die Premiere der Prosafassung des „Don Carlos" und auch der „Fiesco" wurde in seinem Beisein im Ballhaus (heute Kaisersaal) gegeben.

Wasser überströmt. Maschinen- und Waffenindustrie, Kunstgewerbe und Handwerk symbolisiert die kräftige Männergestalt, unterstrichen durch Hammer, Krug, Adlerhelm, Zahnrad und Schraubstock Die überlebensgroßen Figuren sind aus Kupfer getrieben, der Obelisk ist aus Granit und der Brunnensockel aus Sandstein.

Im Hintergrund steht ein Neorenaissancegebäude (Anger 39/40). Das viergeschossige Kaufhaus wurde 1899 nach den Entwürfen des Architekten Wilhelm Schwethelm gebaut. Es begrenzt den Anger vom Westen her.

72 NEUWERKSTRASSE MIT GESCHÄFTS- HÄUSERN S. 70

Verlässt man den Anger zur Neuwerkstraße, steht linker Hand das ehemalige Wohn- und Geschäftshaus Schellhorn (Neuwerkstraße 2/ Ecke Schafgasse).

Der Sechsgeschosser gefällt durch die markante Gebäude-„Ecke" und geschwungenen Fensterscheiben. Der Eisenbetonskelettbau von 1929/30 entstand im Stil der „Neuen Sachlichkeit" nach den Plänen des Architekten Heinrich Herrling und war mit 21 m das erste moderne Hochhaus in Erfurt. Auch das be-

Der „Alte Angerbrunnen" am westlichen Ende des Angers, rechts die St.-Wigbert-Kirche

Das ehemalige Kaufhaus „Germania" am Hirschgarten

kannte Bürohaus am Anger, Ecke Krämpfertor entwarf Herrling.

In der Neuwerkstraße beeindruckt als Nächstes ein Geschäftshaus, Neuwerkstraße 7. Der Architekt Hugo Hirsch entwarf das 1898 mit großflächiger Verglasung und historisierendem Dekor entstandene Gebäude.

Das ehemalige Kaufhaus „Germania" (Neuwerkstraße 10) wurde von Ferdinand Schmidt entworfen und 1895 fertiggestellt. Die viergeschossige Fassade schmücken reiche neobarocke Formen.

73 STAATSKANZLEI UND HIRSCHGARTEN S. 70
★ ENTDECKER-TIPP

Der bekannte Architekt Maximilian von Welsch gestaltete die Baupläne für die Kurmainzische Statthalterei so gekonnt, dass der rechte Renaissanceflügel über den linken Barockflügel zu einem Ganzen eingebunden werden konnte (1713–1722 gebaut). Im Gebäude befindet sich heute die Staatskanzlei.

Im Giebeldreieck ist das Wappen des zur Bauzeit regierenden Mainzer Erzbischofs Lothar Franz von

Hirschgarten, im Hintergrund die Staatskanzlei

Schönborn zu sehen. Die Figuren des Portalbereiches schuf Gerhard Gröninger. Die ursprünglich der Statthalterei gegenüberliegenden Häuser kaufte der Statthalter von Warsberg zum Abriss auf und ließ ein Gehege mit Rotwild anlegen; der „Hirschgarten" entstand – flankiert von zwei Wachhäusern (1732–1740).

Der Statthalter von Dalberg förderte die geistig-kulturelle Entwicklung Erfurts. So waren Goethe, Schiller, Wieland, Herder, Wilhelm von Humboldt häufige Gäste des Hauses. Durch den Reichsdeputationshauptschluss wurde Erfurt 1802 preußisch und die Statthalterei „preußisches Gouvernementsgebäude". Während der Schlacht bei Jena und Auerstedt (Herbst 1806) befand sich hier das preußische Hauptquartier. Napoleon siegte, besetzte Erfurt und unterstellte die Stadt sich selbst als „kaiserliche Domäne". So war das Gebäude bis 1813

JOHANN WOLFGANG VON GOETHE (* 1749, † 1832)

Bei seinen über 50 Erfurtaufenthalten hinterließ der Dichterfürst vielfältige Spuren in der Stadt. Goethe gefiel Erfurt und er nannte es „thüringisches Rom". Als Napoleon Goethe während des Fürstenkongresses im Oktober 1808 in das Kaiserliche Palais (heute Staatskanzlei) einlud, kam es zu der bekannten Begegnung der beiden großen Männer. Im benachbarten „Haus Vaterland" (Regierungsstraße 72), dem ehemaligen Weimarer Geleitshaus verfügte Goethe über eigene Amtsstuben und wohnte hier während seiner Erfurtbesuche.

„französisches Gouvernements-gebäude". Während des Fürsten-kongresses 1808 wohnte und re-gierte Napoleon hier, so war es nunmehr „kaiserlicher Palast". Der französische Kaiser empfing hier Goethe und man begegnete sich re-spektvoll. „Vous êtes un homme" – „Sie sind ein echter Mann", soll Na-poleon zu Goethe gesagt haben.

Nach der vernichtenden Niederla-ge Napoleons in der Völkerschlacht bei Leipzig wurde Erfurt 1814 wie-der preußisch. Bis 1945 nutzte die preußische Regierung das Gebäu-de – deshalb heißt es auch „Regie-rungsgebäude". Im befreiten Erfurt residierte hier ab 13. April 1945 die amerikanische Militärverwaltung bis zur russischen Übernahme vom 3. Juli 1945. Ab 1952 war es Sitz des Rates des Kreises Erfurt-Land. Seit 1995 ist die „Staatskanzlei" Sitz des Ministerpräsidenten von Thüringen.
Regierungsstraße 73

74 RUINE DER BARFÜSSER-KIRCHE ST. JOHANNES DER TÄUFER / MUSEUM S. 70

Als erste Bettelmönche kamen 1224 sieben Franziskaner nach Erfurt. Jor-danus von Giano, Leiter der Gruppe, der 1221 noch selbst vom hl. Fran-ziskus zur Mission entsandt worden war, gründete in Erfurt eines der ers-ten Franziskanerklöster im heutigen Deutschland. Nach mehreren Pro-

Die Ruine der Barfüßerkirche – die ehemalige Klosterkirche der Franziskaner wurde im Zweiten Weltkrieg zerstört

visorien erhielten die Franziskaner-mönche 1231 dieses Grundstück an der Gera. Der erste Vorgängerbau wurde wahrscheinlich durch Brand zerstört, sodass man 1291 mit dem Bau einer neuen Kirche begann. Die Chorweihe erfolgte 1316, die Fertigstellung des Langhauses Mitte des 14. Jahrhunderts und die Einwölbung der Klosterkirche erst in der ersten Hälfte des 15. Jahrhunderts. Der kleine Glockenturm ist spätgotisch und wurde im 15. Jahrhundert fertiggestellt.

In der Nacht des 26. November 1944 zerstörte eine Luftmine bei einem Fliegerangriff die Kirche St. Johannes der Täufer fast vollständig. Nach der Notsicherung diente der Chorraum der kleinen evangelischen Barfüßergemeinde als Kirche. 1977 übergab die Gemeinde die Kirche an die Stadt. Umfangreiche Sicherungs- und Rekonstruktionsmaßnahmen ermöglichten 1982 die Eröffnung als „Museum für Mittelalterliche Kunst". Der museal genutzte Chorraum vermittelt einen Eindruck des Meisterwerkes deutscher Bettelordenarchitektur. Die ältesten farbigen Glaskirchenfenster Erfurts, wertvolle Steinbildwerke und der ehemalige Hochaltar der Bartholomäuskirche von 1445/46 sowie weitere Kostbarkeiten sind sehenswert.

Barfüßerstraße 20 • Tel.: (03 61) 55 45 60
www.barfuesserkirche.de
Apr.–Okt. Di.–So. 10–18 Uhr

75 PREDIGERKIRCHE, ST. JOHANNES EVANGELIST   S. 70
★ ENTDECKER-TIPP

Die evangelische Predigerkirche war die Klosterkirche der Dominikaner. Dieser großartige frühgotische Bau sucht seinesgleichen unter den Schöpfungen mittelalterlicher Sakralbauten der Bettelorden.

Fast 200 Jahre baute man an der neuen mächtigen querschifflosen Basilika, die um 1265 begonnen und in der ersten Hälfte des 15. Jahrhunderts vollendet wurde. Sie besticht in ihrer klaren Struktur und gibt Zeugnis vom Selbstverständnis des Ordens. Durch die sehr hohen Seitenschiffe wirkt der Raum einheitlich. Ein Lettner (erste Hälfte des 15. Jahrhunderts) teilt die Kirche. Diese „Mauer" gab den Klerikern bzw. Mönchen ihren eigenen Liturgie- und Chorgebetsraum und trennte davon den Volks- bzw. Predigtraum. Die Verkündigungsgruppe am Lettner wurde um 1360 geschaffen.

Zwischen dem Lettner und den dahinterliegenden Chorschranken (um 1275) ist auf der rechten Sei-

◀ Blick auf Turm und Chorraum der Predigerkirche aus dem Predigerhof (Zugang zum Predigerhof auch über Schlösserstraße)

te die Sandsteinskulptur Maria mit Jesusknaben, die sogenannte „Schmedestedtsche Madonna" zu sehen. Feinst gearbeitete Gewandfalten und eine schwungvolle Bewegung der Marienfigur sowie die fast übertrieben wirklichkeitsgetreue Säuglingsdarstellung zeichnen diese wertvolle Arbeit aus. In einer Nische auf der linken Seite befindet sich die sogenannte „Kreuzigung im Gedräng", ein Tafelbild mit Kalvarienbergdarstellung (um 1350/60). Durch das Portal der Chorschranken betritt man den Chorraum. Das schlichte eichene Chorgestühl wird auf Anfang 14. Jahrhundert datiert. Die Fenster des Chorraumes und das über dem Nordportal, die „Trümmerfenster", schuf 1949 der Erfurter Künstler Heinz Hayna. Sie sind aus den Scherben im Zweiten Weltkrieg zerstörter Kirchenfenster gestaltet und mahnen: Nichts kann nach diesem Krieg wieder so wie früher zusammengefügt werden, aber aus den Trümmern kann Neues entstehen. Die ältesten Glasfenster der Kirche sind die vier östlichen des nördlichen Seitenschiffes. Der geschnitzte Hochaltar von Linhardt Koenbergks (1492) stammt aus der Paulskirche und kam nach der Reformation hierher. An der südlichen Chorseite befindet sich eine Sitznische, die ein Maßwerkschleier ziert; im Hintergrund das älteste Wandgemälde Erfurts – „Marien-

tod" (um 1320). Auf der Westseite der Kirche ragt der mächtige Barockprospekt der Orgel empor. Ludwig Compenius baute 1648 eine Orgel an der u. a. Johann Bach und Johann Pachelbel spielten. Von seiner Orgel ist nur noch der Prospekt erhalten. Seit 1977 erklingt in dem hervorragenden Akustikraum der Predigerkirche eine Schuke-Orgel. Sie hat 56 Register (4.302 Pfeifen), verteilt auf Hauptwerk, Schwellwerk, Positiv und Pedal sowie mechanische Tastentraktur und elektrische Registertraktur. Viele andere Kunstwerke bietet die Kirche. Die Schlusssteine sind ein Beweis bürgerlichen Engagements – sie zeigen augenfällig Zunftzeichen der Hutmacher, Goldschmiede, Fleischer und Erfurter Söldner (hl. Georg). 1525 wurde die Predigerkirche – wie alle Erfurter Kirchen – evangelisch.

Eingang: Meister-Eckehart-Straße
Information: Predigerstraße 4
Tel.: (03 61) 6 46 43 10 • 5 62 62 14
Führungen Predigerkirche und
Predigerkloster: www.predigerkirche.de
**Mai–Sept. Di.–Sa. 11–16 Uhr,
So. 12–16 Uhr**

76 MEISTER-ECKHART-PORTAL   S. 70

Der aus Thüringen stammende Meister Eckhart, bedeutendster und geistvoller Mystiker des Mittelalters, trat um 1275 als Novize in das Predigerkloster ein, lebte hier als Mönch,

war Priester und wurde schließlich zum Prior gewählt. Nach Studium und Lehraufträgen an der Pariser Universität kehrte er in das Erfurter Predigerkloster zurück und stand als Provinzial der Ordensprovinz Sachsen vor. Er beeinflusste nachhaltig die Mystik des Mittelalters und mit seinen Schriften die deutsche Sprache. Das 1999 eingeweihte Bronzeportal schuf der Bildhauer Siegfried Krepp. Der Text ist dem Johannesevangelium entnommen (Joh. 1,1). „Licht", ein Symbol für Gott bzw. Gottes Wort, ergreift die Welt. Der Glasstreifen der Tür entlässt Licht/ Gottes Wort in die Finsternis und setzt sich am Boden als Lichtspur – in einem Bronzestreifen symbolisiert – fort.
Predigerkirche/Predigerstraße

Bronzenes Meister-Eckhart-Portal an der Predigerkirche, Siegfried Krepp, 1999

77 GUSTAV-ADOLF-BRUNNEN S. 70

Zurückgesetzt vor der Nordseite der Predigerkirche steht der 1911 eingeweihte „Gustav-Adolf-Brunnen", den der Bildhauer Carl Melville schuf. Der protestantische König Gustav II. Adolf von Schweden war Führer des Schwedenheeres während des Dreißigjährigen Krieges und nahm vom 2. bis 6. Oktober 1631 und vom 7. bis 9. November 1632 in Erfurt Quartier. Da der Schwedenkönig die Predigerkirche seine „Pfarrkirche" nannte, wählte man diesen Standort für das Denkmal. Auf der kräftigen und geschwungenen sowie sich nach oben verjüngenden Säule steht symbolisch für den König ein Löwe, der ein Schild mit dem Erfurter Wappen in den Pranken hält. Im umlaufenden Schriftzug findet sich der Anfang des Kirchenliedes: „Verzage nicht, Du Häuflein klein, Gott ist mein Harnisch." Ein Porträtmedaillon, Vignette mit Bibel und Schwert schmücken die Schauseite des Brunnens. Die Kleinplastiken zeigen einen Mann, der einen Kindersarg trägt, und eine barfüßige Mutter mit Säugling. Beide Figuren verdeutlichen die Not des Dreißigjährigen Krieges, ihnen verdankt das auch „Hungerbrunnen" genannte Kunstwerk seinen anderen Namen.
Predigerstaße

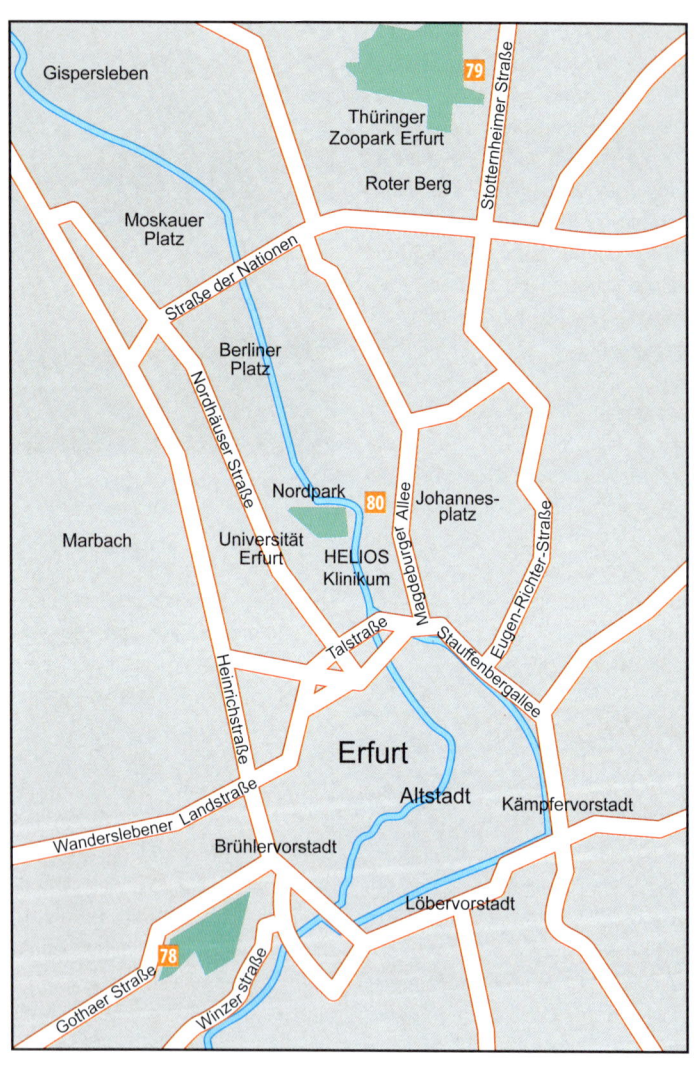

Gispersleben

Thüringer
Zoopark Erfurt

Roter Berg

Moskauer
Platz

Straße der Nationen

Berliner
Platz

Nordhäuser Straße

Stotternheimer Straße

Nordpark

Johannes-
platz

Magdeburger Allee

Eugen-Richter-Straße

Marbach

Universität
Erfurt

HELIOS
Klinikum

Talstraße

Stauffenbergallee

Heinrichstraße

Erfurt

Altstadt

Kämpfervorstadt

Wanderslebener Landstraße

Brühlervorstadt

Löbervorstadt

Gothaer Straße

Winzerstraße

78 EGAPARK ERFURT   S. 88
★ TOP-TIPP

Mit 36 Hektar ist die „ega" einer der großen deutschen Garten- und Ausstellungsparks und präsentiert seit ihrer Eröffnung im Jahr 1961 Erfurt als Blumenstadt. Das denkmalgeschützte Gelände vereint Natur, Architektur, Kunst, Gartenbau und Freizeit zu einem Ensemble.

▲ Der „egapark Erfurt" zählt zur gelungenen Gartenarchitektur Deutschlands

Die Attraktionen: größtes Blumenbeet Europas (6.000 m²), Rosengarten mit Wasserspielen, Japanischer Fels- und Wassergarten, Gräser- und Staudenschau, tropische Pflanzenschauhäuser mit Schmetterlings- und Orchideenhaus, größter Spielplatz Thüringens mit Wasserareal und Kinderbauernhof, Skulpturengarten mit wechselnden Ausstellungen, historische Cyriaksburg mit Aussichtsturm (272 m, höchster Aussichtspunkt der Stadt) und Deutschem Gartenbaumuseum.

JÄHRLICHE BLUMENSCHAUEN IM FREILAND

Apr./Mai	Frühjahrsblumenschau (Großes Blumenbeet), Kirsch- und Rhododendronblüte (Japanischer Garten)
Mai	Pfingstrosenblüte (Skulpturengarten)
Juni/Sep.	Rosenblüte (Rosengarten)
Juni–Okt.	Fuchsienschau (Fuchsienhof), Ampelpflanzenschau (Terassengarten), Pelargonienschau (Rendezvousplatz)
Juli–Okt.	Sommerblumenschau (Großes Blumenbeet)
Aug.–Okt.	Dahlienschau
Okt.–Nov.	Herbstfärbung (Gräser- und Japanischer Garten)

Gothaer Straße 38
Tel.: (03 61) 5 64 37 37
www.egapark-erfurt.de
März–Okt. täglich 9–18 Uhr,
Mai–Mitte Sept. täglich 9–20 Uhr,
Nov.–Feb. täglich 10–16 Uhr (Park-
eintritt frei!)
Kein Zutritt für Hunde – am Haupteingang stehen Hundeboxen für die Tiere zur Verfügung. Auf dem Gelände fährt der egapark-Express vom 1. Mai–3. Okt. täglich von 10.30–15.30 Uhr im Halbstundentakt, ab Haupteingang.
Tel.: (03 61) 5 64 37 12
Anfahrt (Stadtbahn): Stadtbahn 2 – Haltestelle „ega"
Anfahrt (Auto/Bus): Parkplätze vor dem Haupteingang

79 THÜRINGER ZOOPARK ERFURT S. 88

Auf dem 63 Hektar großen Gelände gibt es 180 Tierarten zu entdecken. Hervorzuheben sind Berberaffenberg, Bison-Plains, Känguruland, Elefanten-, Zebra-, Nashörner- und Giraffen-Bereich, Löwensavanne sowie Streichelzoo und Spielplatz.
Am Zoopark 1 • Tel.: (03 61) 75 18 80
www.zoopark-erfurt.de
Apr.–Sept. täglich 9–18 Uhr,
Okt.–März täglich 9 Uhr
bis zur Dämmerung
Anfahrt: Stadtbahn 5 bzw. Buslinie 26 – Haltestelle „Zoopark", Parkplätze vor dem Haupteingang

80 AQUARIUM ERFURT S. 88
★ ENTDECKER-TIPP

Das Erfurter Aquarium liegt direkt an der Gera und beherbergt über 400 Tierarten. Süßwasserfische und auch ein Riffaquarium bereichern Arten- und Farbenvielfalt der zahlreichen Schaubecken.
Nettelbeckufer 28 a • Tel.: (03 61) 7 31 37 10
www.zoopark-erfurt.de
täglich 10–18 Uhr
Anfahrt: Stadtbahn 1 und 5 – Haltestelle „Wendenstraße"

▶ Der Aussichtsturm im „egapark Erfurt"

AUSFLÜGE IN DIE UMGEBUNG

81 SCHLOSS UND PARK MOLSDORF   S. 92

Das spätbarocke Schloss mit seiner Parkanlage liegt im südlichen Stadtbereich, in Molsdorf. Der Reichsgraf von Gotter (* 1692, † 1762) ließ den Barockbau und den Park nach seinen Plänen und seinem Lebensmotto „vive la joie" (Es lebe die Freude) gestalten.
Schlossplatz 6
99192 Erfurt-Molsdorf

▲ Schloss Molsdorf

Tel.: (03 62 02) 9 05 05
Di.–So. 10–18 Uhr
Anfahrt (Fahrrad): Gera-Rad-Weg Richtung Molsdorf • www.geraradweg.de
Anfahrt (Stadtbuslinie):
Molsdorf/Mühlberg
Anfahrt (Auto): Erfurt-Bischleben Richtung Neudietendorf, Abzweig Marienthal oder Autobahn A 4, Abfahrt Neudietendorf, Richtung Thörey

82 BURG GLEICHEN   S. 92

Drei Burgen prägen auf nah beieinanderliegenden Bergen eine

Blick auf die Ruine der Burg Gleichen

imposante Burgenlandschaft etwa 20 km westlich von Erfurt, die unter dem Namen „Die Drei Gleichen" bekannt sind. Die Burgruine Gleichen bietet eine kleine Ausstellung und einen herrlichen Rundblick.

99869 Wandersleben

Tel.: (0362 02) 8 24 40 (Schloss Molsdorf)

Jan./Feb. Sa./So. 10–17 Uhr,
März/Nov./Dez. Mi.–So. 9–17 Uhr,
Apr./Okt. täglich 9–18 Uhr

Anfahrt (Zug): bis Bahnhof Wandersleben, dann 45 Minuten Fußweg
Anfahrt (Auto): Autobahn A 4, Abfahrt Wandersleben zum Parkplatz Freudenthal

83 THÜRINGER FREILICHTMUSEUM HOHENFELDEN S. 92

Nahe beim Stausee Hohenfelden liegt das Freilichtmuseum und zeigt in etwa 30 Gebäuden Arbeit und Leben in einem mittelthüringischen Dorf mit Bauernhöfen, Bienenhaus, Pfarrhof, Schmiede, Dorfschule, Hirtenhaus, Töpferei, Schusterwerkstatt und Brauhaus und vielem mehr.

Im Dorfe 63, 99448 Hohenfelden

Tel.: (03 64 50) 3 02 85

www.freilichtmuseum-hohenfelden.de

Apr.–Okt. täglich 10–18 Uhr,
Nov./Dez. Di.–So. 11–17 Uhr,
Jan.–März Sa./So. 11–17 Uhr

Anfahrt (Auto): Richtung A 4/Auffahrt Erfurt-Ost bzw. Richtung Kranichfeld
Anfahrt (Bus): Linie 155 Kranichfeld oder Linie 163 Hohenfelden

84 WASSERBURG KAPELLENDORF S. 92

Schon im 9. Jahrhundert wurde an der ersten Burg gebaut. Mitte des 14. Jahrhunderts konnte die Stadt Erfurt die Feste kaufen und nutzte sie als Stützpunkt, um ihre Handelsstraßen zu schützen.

In der großen und gut erhaltenen Wasserburg zeigen Ausstellungen die wechselvolle Burggeschichte bis hin zum Raubritternest und preußischem Hauptquartier bei der Schlacht von Jena und Auerstedt im Oktober 1806. Auch Ritterspiele und andere Veranstaltungen lohnen den Ausflug.

Am Burgplatz 1, 99510 Kapellendorf

Tel.: (0 36 25) 2 24 85

www.wasserburg-kapellendorf.de

Di.–Fr. 9–12, 13–17 Uhr,
Sa./So.10–12, 13–17 Uhr

Anfahrt (Auto): auf der B 7 über Weimar Richtung Jena, Abfahrt Frankendorf oder über die Autobahn A 4, Abfahrt Apolda, auf der B 87 Richtung Apolda und dann auf die B 7 Richtung Frankendorf

KLEINE STADTGESCHICHTE

📌 Sabine Hahnel

„LOCUS" MIT „URBS" –
ERFURTER ANFÄNGE

Geschützt zwischen Steigerwald und Fahnerschen Höhen nutzte Erfurt seit Jahrhunderten sein günstiges, niederschlagsarmes Klima und den fruchtbaren Lößboden ebenso

▲ Bonifatius fällt eine dem heidnischen Kult geweihte Eiche im Erfurter Steigerwald, Gemälde von Peter Janssen im Festsaal des Erfurter Rathauses (1878–1882)

wie die Wilde Gera, die alle zusammen den Reichtum der mittelalterlichen Stadt begründeten. Bereits 100.000 Jahre v. Chr. siedelten Jäger und Sammler in diesem Gebiet. Später bildete Erfurt zunächst ein wichtiges germanisches Zentrum, das zum Stamm der Thüringer („Toringi") zählte. Doch nachdem deren Königreich bereits 531 zerschlagen wurde, fiel dieses Gebiet an das ostfränkische Reich.

In diese Zeit wird das erste gesicherte Datum der Stadt Erfurt verortet.

Stadtansicht Erfurt aus der Schedelschen Weltchronik, 1493

Niemand Geringeres als der später heilig gesprochene Bonifatius (†754) (s. S. 108) bat 742 Papst Zacharias in seiner Funktion als Missionsbischof in einem Brief um die Bestätigung dreier von ihm ernannter Bischofssitze (Würzburg, Büraburg bei Fritzlar und „Erphesfurt"). Erfurt bezeichnete er als „Locus" mit „Urbs" (Burg mit einer Siedlung). Nur wenige Jahre später 746/47 saß Bonifatius auf dem Mainzer Bischofsstuhl und unterstellte bereits in den Folgejahren die Bistümer Büraburg und Erfurt demjenigen von Mainz. So blieb Erfurt auch über seinen Tod hinaus dauerhaft dem Bischofs- und baldigem Erzbischofsstuhl von Mainz untertan.

Aufgrund ihrer strategisch äußerst guten Lage entwickelte sich die Stadt zum wichtigsten Ort für Handel und Militär in Mitteldeutschland. Karl dem Großen galt sie noch als Grenzhandelsort (805), den späteren Frankenkönigen (836) jedoch bereits als königlicher Ort (Locus Regalis). Das schließt eine Nutzung des Petersberges als königliche Pfalz nicht aus. Dieser wichtigste und größte Berg innerhalb des alten Stadtgebietes befand sich seit dem 6. Jahrhundert ohnehin in königlichem Besitz und erhielt im 12. Jahrhundert eine weitreichende Klosteranlage. Dies gilt als überzeugendster Grund, weshalb sich auch zu ottonischen, staufischen

ckenmärkte. Die wichtigste dieser Verbindungsstrecken war die sogenannte „Via Regia" (später „Hohe Straße"), die Spanien mit Kiew verband. Wer von Frankfurt am Main bis Leipzig und weiter bis Breslau wollte, kam auf ihr durch Erfurt. Die Stadt profitierte ausgiebig vom Markt- und Stapelrecht sowie den Zoll- und Geleitszahlungen. Später gewann auch die Alte Salzstraße (Nürnberger Geleitstraße bzw. Frankenstieg) im Thüringer Raum an Bedeutung. Von Skandinavien und den nördlichen Hansestädten kommend führte sie über Lüneburg, Halle und Erfurt bis Nürnberg und weiter in Richtung Venedig.

und habsburgischen Zeiten Kaiser und Könige wie Barbarossa oder Friedrich II. dort aufhielten. Durch kaiserliche Reichskirchen- und Klosterreformen erlangten bereits im 10. Jahrhundert die Erzbischöfe von Mainz neben der geistlichen auch die weltliche Herrschaft über Erfurt.

DIE AUFSTREBENDE

Vom 300 km entfernt liegenden Mainz aus musste der Erzbischof in der Folge beobachten, wie Erfurt wirtschaftlich aufblühte. Hier trafen aus allen Himmelsrichtungen entlang der alten Heeres- und Handelsstraßen Fern- und Nahhandelswege zusammen, entstanden große und kleine, Spezial-, Straßen- und Brü-

Während Mainz in der Folgezeit das Gebiet um den Domberg zu seinem (geistlich geprägten) Machtzentrum ausbaute, entwickelte sich als Gegenpol in der Stadt ein eigenständiges, weltliches Zentrum rund um den Fischmarkt. In der Mitte des 13. Jahrhunderts etablierte sich hier ein eigenständiger Erfurter Rat, der seine Autorität mit der Errichtung eines Rathauses demonstrierte. Die Ratsherren, denen neben Adligen und reichen Bürgern bald auch Vertreter der großen Zünfte angehörten, standen abwechselnd der Gemeinde vor und übten bald die wichtigsten Stadtrechte wie Innungsrecht, Markthoheit, Münzrecht und Gerichtsbarkeit aus. Der Erzbischof, dem es offenbar an politischer Macht und Einfluss mangelte, verpfändete seither dem Rat in regelmäßigen Abständen fast alle ihm verbliebenen Rechte und Ämter. Er sicherte sich damit nicht nur dauerhafte „Geldeinnahmen", sondern gestand der Stadt somit auch für einen langen Zeitraum de facto Autonomie zu. Doch nichts konnte den Bezug zwischen Erfurt und Mainz besser versinnbildlichen als das bis heute gültige Stadtwappen: Es zeigt auf rotem Grund jenes weiße Wagenrad, das als Mainzer Rad jedem damals bekannt war. Führte doch der Erzbischof auf rotem Grund zwei weiße Räder im Wappen und alle ihm unterstehenden Gebiete nur eines dieser Räder.

Noch bevor sich die Erfurter als Zeichen ihres städtischen Selbstbewusstseins eine einem Roland ähnliche Figur (Römer) auf den Fischmarkt stellten, wurde die Stadt in der „Goldenen Bulle" (1356) auch vom Kaiser als freie Reichsstadt bezeichnet – ein Rang, mit Vor- und Nachteilen, zwischen denen sie in der Folge immer wieder hin- und hergerissen war. Denn obwohl Erfurt weiterhin dem Erzbischof unterstand, ist unstrittig, dass es gemeinsam mit Mühlhausen und Nordhausen einen wirtschaftlich und politisch starken Dreistädtebund gründete und 1430 einen gemeinsamen Beitritt zum „Goslarer Bund" von Hansestädten vollzog.

Äußeres Zeichen für die Bedeutung Erfurts in dieser Zeit ist die Verleihung des kaiserlichen Messeprivilegs im Jahre 1331. Auf ihren Messen fuhren die Händler von Norden her kommend Trockenfisch, Heringe, Öl, Wachs, Pelze, flandrische Tuche, Spezereien und Levantewaren ein und packten in Erfurt Hanf oder Hopfen, aber auch Gewürz- und Heilpflanzen wie Anis, Kümmel und Kalmus oder Getreide wie Roggen, Gerste, Hafer und Dinkel sowie Färbepflanzen wie Saflor und vor allem Waid auf ihre Wagen. Insbesondere der zuletzt genannte Färberwaid sorgte als Blaufärbepflanze für Tuch und Wolle über Jahrhunderte für den immensen Reichtum der Erfurter Kaufleute. Boden und Klima begünstigten den Anbau der Pflanze im Thüringer Becken enorm, sodass Waid als „fürnehmste Nahrung der Stadt Erfurt" galt.

Ihren so erlangten Reichtum zeigten die Erfurter mit der 1325 in Stein errichteten Krämerbrücke ebenso wie mit dem im 14. Jahrhundert durch den großen Chor erweiterten Mariendom und den vielen zahllosen Kirchen und Klosteranlagen, die in dieser Zeit gebaut bzw. vergrößert wurden. Insbesondere dieses „Erfordia turrita" (turmgekröntes Erfurt) erzählt noch heute vom damaligen Wohlstand.

Bürger und Reichtum mussten geschützt werden. Also baute die

Stadt schon im 12. Jahrhundert (1168) eine der ersten deutschen Stadtmauern aus Stein. Es handelte sich um einen 4 m hohen doppelten Mauerring mit sieben Haupt- und drei Nebentoren, 37 Türmen sowie Wallgraben. Sie war ca. 5 km lang und fast kreisförmig – nahezu identisch mit dem Verlauf des heutigen Juri-Gagarin-Rings. Erweitert wurde das Stadtgebiet im 14./15. Jahrhundert durch den Bau einer zweiten, der sogenannten äußeren Mauer entlang des jetzigen Flutgrabens. Hierbei handelte es sich um einen befestigten Erdwall, der mit 20 m Höhe und 30 m Tiefe besseren militärischen Schutz bot als bislang und durch den Bau der Cyriaksburg im 15. Jahrhundert verstärkt wurde.

Die Stadt, die aufgrund ihres Reichtums und Einflusses in der Region ihr Gebiet stetig vergrößerte, hatte am Ende des 15. Jahrhunderts mit 900 m² Fläche, 83 Dörfern und der Stadt Sömmerda die Größe eines Fürstentums erreicht. Allein innerhalb der Stadtmauern lebten fast 19.000 Einwohner, was Erfurt zu einer der zehntgrößten Städte im Heiligen Römischen Reich Deutscher Nation machte.

ERFURT – „EINE SCHMALZGRUBE"

Ein „Betleem fertilissima" (fruchtbares Brothaus), eine Schmalzgru-

be, ist sie in seinen Augen gewesen, sagte Martin Luther später über seine Studienstadt. Als er 1501 als 17-Jähriger in Erfurt eintraf, war vom wirtschaftlichen Niedergang und der politischen Bedeutungslosigkeit, in welche die Stadt zu stürzen drohte, nur wenig zu spüren. Stattdessen unterhielt der Rat seit 1392 eine inzwischen weit über die Landesgrenzen berühmte Universität. Diese Hohe Schule hatte seit dem 12. Jahrhundert in Erfurter Kloster- und Stiftsschulen ihre Wurzeln und verfügte zudem über alle damals üblichen Fakultäten (Theologie, Jura, Medizin, Artistik).

Doch bald nachdem sich die Stadt gerade von einem ihrer verheerendsten Stadtbrände (1472) erholt hatte, geriet sie zwischen die politischen Fronten. Die wettinischen Markgrafen von Meißen hatten schon längst ein Auge auf das lukrative Erfurt geworfen. Der Erzbischof von Mainz wiederum sah seine Autorität immer mehr schwinden. Zwischen diesen beiden Parteien lavierte der Erfurter Rat lange Zeit diplomatisch und erfolgreich. Dennoch konnte nicht ausbleiben, was dann folgte: Mainz und Wettin machten gemeinsame Sache. Die Verträge von Amorbach und Weimar zwangen Erfurt 1483, den Mainzer Erzbischof als „rechten Erbherrn" anzuerkennen und sowohl ihm als auch dem Haus Wettin hohe

Das „tolle" Jahr von Erfurt, Rathausfestsaal, Gemälde von Peter Janssen im Festsaal des Erfurter Rathauses (1878–1882)

Geldzahlungen zu leisten, welche die Schatullen der Stadt bei Weitem überforderten. Sie verschuldete sich in den Folgejahren bis zur Zahlungsunfähigkeit, obwohl sie mit Landverkauf, Erhöhung der indirekten Steuern und dem Einschmelzen des Ratssilbers durchaus versuchte, der Lage Herr zu werden. 1505, in jenem Jahr, als Luther das Universitätsstudium aufgab und ins Kloster eintrat, kam es zu ersten gewalttätigen Auseinandersetzungen („Studentenlärm"). Im Folgenden eskalierte die Wut der Bürger in gewalttätigen Konflikten (das sogenannte „Tolle Jahr" von 1509/10). Und obwohl 1510 auch den kleinen Zünften die Ratsfähigkeit zugestanden wurde, konnten die Unruhen in

der Stadt erst 1516 endgültig beigelegt werden.

Nicht lange danach hörten die Erfurter von Luthers Wittenberger Thesenanschlag. Durch viele seiner Freunde fanden seine Ideen Zuspruch bei zahlreichen Einwohnern. Der Rat ließ nicht zuletzt aus politischem Kalkül wiederholt zu, dass Luther in Erfurter Kirchen predigte, wodurch sich das Verhältnis des weltlichen zum geistlichen Erfurt ausgesprochen schwierig gestaltete, unterstand man doch einerseits dem im alten Glauben verhafteten Mainzer Erzbischof und fand hier andererseits im Juni 1521 der erste große Pfaffensturm in Deutschland statt. Der Klerus musste zeitweise auf seine Sonderprivilegien verzichten und wurde den Bürgern gleichgestellt. Im Dom predigte man auf alte und eine Stunde später auf neue Art. Einmal mehr galt die Stadt als Unruheherd.

Die damals getroffenen, von Bauernkrieg und Reformation beeinflussten Entscheidungen wirken bis heute nach: Viele Klöster wurden säkularisiert, die Pfarrgemeinden neu geordnet und 1530 hat man im Hammelburger Vertrag mit Mainz die konfessionelle Parität vereinbart. Darin sicherte der Erzbischof Erfurt die Glaubensfreiheit zu und gestattete der Stadt den Dualismus der Konfessionen, wodurch Erfurt die erste deutsche Stadt war, die ihre politische von der religiösen Treue trennte. Man einigte sich auf acht katholische und acht evangelische Pfarreien. Schätzungen zufolge hingen bis zu 90 Prozent der Einwohner der neuen lutherischen Lehre an. Erst im Laufe der Gegenreformation regulierte sich dieses Verhältnis auf 75 Prozent evangelische und 25 Prozent katholische Christen.

Zwar blühte die Stadt in der zweiten Hälfte des 16. Jahrhunderts wieder auf, doch verlor die Erfurter Wirtschaft ihre bisherige Bandbreite: Zum einen war die Hansebewegung rückläufig und zum anderen hatte Leipzig Erfurt inzwischen als Messestadt ausmanövriert. Der Waidhandel jedoch florierte noch

Erfurt um 1650, Stadtansicht von Matthäus Merian dem Älteren (* 1593, † 1650)

Einzug des siegreichen Kurfürsten von Mainz, Johann Philipp von Schönborn, Gemälde von Peter Janssen im Festsaal des Erfurter Rathauses (1878–1882)

ein letztes Mal und statt des Fernhandels erlebte der Handel im regionalen Umfeld einen bedeutenden Aufschwung. In dieser Zeit entstanden viele der heute noch vorhandenen Bürgerrenaissancehäuser.

ERFURT UNTER DEN MAINZER STATTHALTERN

Erfurts militärstrategische Lage machte die vom katholischen Mainz regierte Stadt im Dreißigjährigen Krieg für die Protestanten interessant. König Gustav Adolf von Schweden stellte Erfurt 1632 unter seinen königlichen Schutz, zog in die Stadt ein, und versprach ihr die immer noch heiß ersehnte Reichsfreiheit. Doch nach dem Tod des Schwedenkönigs wurden alle Rechte für Erfurt rückgängig gemacht und Kurmainz erhielt seine alte Position zurück. Das schwedische Intermezzo verschärfte die politischen Fronten zwischen Mainz und Erfurt erneut. Der Erzbischof Johann Philipp von Schönborn (* 1605, † 1673) bewies den widerspenstigen Erfurtern, dass er auch vor militärischer Gewalt nicht zurückschreckte, und belagerte 1664 mit einem Heer von 15.000 Soldaten die Stadt. Am 5. Oktober 1664 kapitulierte Erfurt und verlor damit auch die letzten Reste städtischer Autonomie. Die Stadt leistete dem Erzbischof den Huldigungs- und Treueid.

Ob ihn Misstrauen trieb oder er wirklich ein katholisches Bollwerk gegen die Protestanten benötigte, sei dahingestellt. Tatsache ist jedoch, dass Johann Philipp von Schönborn seit 1664/65 auf dem Petersberg eine barocke Festungsanlage bauen ließ. Die Erfurter hörte man flüstern, sie müssten nun „unter Kanonen schlafen". Nicht zuletzt aus Geldnöten wurden die Festungsmauern erst 1704 geschlossen.

In der Folge regierten bis 1802 von Mainz eingesetzte Statthalter in Erfurt. Von den zwölf Statthaltern seien hier zwei herausgehoben: zum einen Philipp Wilhelm Reichsgraf von Boineburg (1702–1717), der sich sehr um die wirtschaftliche Entwicklung der Stadt bemühte, und zum anderen Karl Theodor von Dalberg (1772–1802), der Erfurt 30 Jahre lang regierte. Dalberg war es schließlich auch, der 1802 als Folge des Friedens von Lunéville Erfurt an die Preußen übergab.

In die Regierungszeit der Mainzer Statthalter fällt die Aufwertung des Angers als neues Stadtzentrum mit der Statthalterei, dem Kurmainzer Pack- und Waagehof und dem Jesuitenkolleg. Doch der wirtschaftliche Niedergang Erfurts hielt in vielen Bereichen weiter an. Pestepidemien, Kriegs- und Brandkatastrophen verstärkten diese Entwicklung. Asiatischer Indigo verdrängte den Färberwaid und erste Manufakturen vor allem in der Tuch-, Fayence-

Erfurt um 1740, A. Gläßer/M. Engelbrecht

und Schuhproduktion kamen nur schwer in Gang.

Gleichzeitig war das Ende des 17. Jahrhunderts aber auch der Beginn des gewerbsmäßigen Gartenbaus, der Erfurt für lange Zeit bekannt machen sollte. Der Erfurter Christian Reichart (1685–1775) lieferte die wissenschaftliche Grundlage für den Gartenbau. Unter seiner Mitwirkung entwickelte sich seit Mitte des 18. Jahrhunderts zunehmend auch die Blumen- und Blumensamenzucht.

In kultureller Hinsicht konnte die Stadt musikalisch aufwarten. Vertreter der Bachfamilie dienten in Erfurt als Stadtpfeifer und Organisten. Die Eltern des bekannten Komponisten Johann Sebastian Bach heirateten in ihrer Heimatstadt Erfurt, bevor sie nach Eisenach zogen. Johann Pachelbel wurde das Amt des Organisten in der Predigerkirche übertragen. Statthalter Dalberg holte im Zeichen der Aufklärung Goethe, Schiller, Herder, Wieland und auch Wilhelm von Humboldt nach Erfurt. Eine kurmainzische „Akademie nützlicher Wissenschaften" wurde gegründet. Doch Wielands Resümee über die Stadt spricht Bände: „Dieses freudleere Chaos von alten Steinhauffen, wincklichten Gassen, verfallenen Kirchen, grossen Gemüßgärten und kleinen Leimhäusern, welches die Hauptstadt des edlen Thüringerlandes vorstellt."

ERFURT WÄHREND DER HERRSCHAFT NAPOLEONS

Nach zunächst nur vier Jahren preußischer Regierung zog bereits Mitte Oktober 1806 Napoleon (* 1769, † 1821) mit seinen siegreichen Truppen von Jena-Auerstedt kommend in Erfurt ein. Etwa ein Jahr nachdem er Erfurt zur „kaiserlichen Domäne" erklärt, also seinem Privatbesitz zugeschlagen hatte, fand der Glanzpunkt des französischen Zwischenspiels statt. Napoleon hielt hier im Herbst 1808 einen zwei Wochen

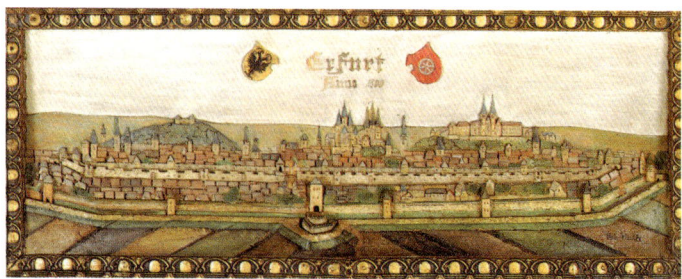

Erfurt anno 1800, R. Huth, um 1870

104

während Fürstenkongress ab, wodurch die Stadt ins Zentrum europäischer Großmachtpolitik geriet. Neben einem Großteil deutscher Fürsten, reiste auch der russische Zar Alexander I. an. Doch geschlagen passierte Napoleon nach der verlorenen Leipziger Völkerschlacht (1813) nur fünf Jahre später abermals die Stadt. Sie war auf seinen Befehl zur Festung ausgebaut worden, woraufhin seine Gegner Erfurt im November 1813 angriffen und dabei die Bebauung auf dem Domplatz zerstörten und die Klosterkirche auf dem Petersberg ebenfalls schwer trafen. Napoleon übergab die Stadt wiederum an Preußen. Die letzten französischen Truppen zogen schließlich im Mai 1814 ab.

Nach dem Wiener Kongress wurde Erfurt neben Magdeburg und Merseburg einer von drei Regierungsbezirken in der preußischen Provinz Sachsen. Zwar schlossen die Preußen im Folgenden 1816 die alte Universität, doch war die Berliner Entscheidung, Erfurt in den Status einer preußischen „Festung ersten Ranges" zu heben, von weit größerer Bedeutung. Von 1815 bis 1836 erfolgte deshalb der Ausbau zur Festungsstadt. Davon betroffen waren speziell die äußere Stadtmauer, die Zitadelle Petersberg sowie die Cyriaksburg. Sie erhielten beträchtliche Wehranlagen nach neupreußischer Befestigungsweise. Ab 1859

(und bis 1918) wird Erfurt in den Status einer Garnisonsstadt mit einer Stärke bis zu 3.000 Mann versetzt. Auch auf dem heutigen Domplatz exerzierten die Soldaten.

Die Erfurter erhielten nun wieder eine eigene Stadtverordnetenversammlung, die gegenüber dem preußischen Magistrat die städtischen Interessen vertreten konnte. 1822 erhielten sie auch ihre Vermögens- und Rechtsfähigkeit zurück. Doch auch im preußentreuen Erfurt erschallte während der 1848er Revolution auf dem Erfurter Anger der Ruf nach Freiheit, Gleichheit und Brüderlichkeit. Es kam zu Kämpfen, einem Toten, mehreren Verletzten sowie zu Verhaftungen. In der Folge der Revolution entstand ein Verfassungsentwurf für eine deutsche Union, bei der sich Preußen als Vorreiter verstand. In Berlin erkor man Erfurt zum Sitz des sogenannten Unionsparlaments, das seit März 1850 im Augustinerkloster tagte. Hier sammelte Otto von Bismarck erste politische Erfahrungen als preußischer Abgeordneter.

Während im Gartenbau viele neue Unternehmen entstanden, die als Kunst- und Handelsgärtnereien Samen, Schnitt- und Trockenblumen sowie Saatgut weltweit vertrieben, gewann auch in Erfurt die Industrialisierung mit dem Anschluss an das Eisenbahnnetz an Bedeutung. Neben der Schuhindustrie galt vor allem die neue preußische Gewehrfabrik als größter Arbeitgeber. Im preußischen Erfurt saß die Königliche Eisenbahn-Direktion und auch die Oberpostdirektion.

Die größten Bauprojekte dieser Jahre stellten allerdings die Entfestigung der Stadt und der Bau des Flutgrabens dar. Nach der Reichseinigung durfte sich die aus allen Nähten berstende Stadt ab 1873 ihrer Stadtmauern entledigen und konnte nun endlich erweitert werden. Zwischen 1890 und 1898 gestaltete man den ehemaligen Wallgraben der äußeren Stadtmauer zum Flutgraben um, wodurch die Gera geteilt und die Hälfte des Flusses seitdem permanent um die Innenstadt geleitet wird. Damit wurde die ständige Hochwassergefahr gebannt. Zeitgleich entstanden im Süden der Stadt von Gründerzeit und Historismus geprägte Villenviertel, im Norden dagegen Arbeiterwohnquartiere und Fabrikanlagen.

ERFURT IM 20. JAHRHUNDERT

Erfurt bildete während der Weimarer Republik und im Dritten Reich keine deutsche Ausnahme. Auch hier herrschte hohe Arbeitslosigkeit, wählte ein Großteil der Einwohner 1933 die NSDAP, auch hier gab es Verfolgung und Deportation der Juden und ging im November 1938 die neue Synagoge am Karthäuserring in Flammen auf.

Wobei die Feuerungs- und Heizungsfirma Topf & Söhne in diesem Zusammenhang heraussticht, hat sie doch die Verbrennungsanlagen in Auschwitz, Buchenwald und Dachau konzipiert und gebaut.

Erfurt galt im Zweiten Weltkrieg mit ca. 6.500 Soldaten als einer der größten Militärstandorte im Dritten Reich. Im Süden der Stadt entstanden große Kasernenanlagen für Artillerie, Infanterie, Panzer und Lazarette. Im April 1944 wurde der Regierungsbezirk Erfurt dem NSDAP-Gauleiter Fritz Saukel unterstellt. Am 12. April 1945 nahmen amerikanische Truppen die Stadt vollständig ein. Dennoch konnte bei Kriegsende eine Totalzerstörung von nur etwa fünf Prozent bilanziert werden. Die im Vergleich mit anderen deutschen Großstädten geringen Verluste machten es möglich, die Altstadt inzwischen unter Flächendenkmalschutz (Markierung durch die roten Straßenschilder!) zu stellen.

Am 1. Juli 1945 übergaben die Amerikaner dem Vertrag von London entsprechend die Thüringer Gebiete an die Rote Armee. Die Stadt ging einer „sozialistischen Zukunft" entgegen. Sie wurde formal in das Land Thüringen eingegliedert und erhielt 1948 den Status der Landeshauptstadt. Nach einer Verwaltungsreform wurde Erfurt im Sommer 1952 Bezirkshauptstadt. Nicht mal ein

Jahr später, im Juni 1953, gingen auch hier die Arbeiter auf die Straße: allen voran diejenigen der Schreibmaschinenfabrik Optima (das ehemalige AEG-Werk mit der Marke „Olympia"). Als überregional wichtiges Ereignis muss die Begegnung des Bundeskanzlers Willy Brandt mit dem Vorsitzenden des Ministerrates der DDR Willi Stoph im März 1970 im ehemaligen „Erfurter Hof" angesehen werden, die als Beginn des deutsch-deutschen Dialoges gilt.

Die Stadt wuchs und wuchs. 1978 zählte sie etwa 210.000 Einwohner. Neben traditioneller Industrie entstanden auch neue Wirtschaftszweige wie beispielsweise das Kombinat Mikroelektronik. Seit Mitte der 70er Jahre waren die Stadtväter bemüht, den mittelalterlichen Stadtkern aufzuwerten, was ihnen aber nur in Ansätzen gelang. In den 80er Jahren waren sogar großflächige Abrisse und Neubebauungen in der Altstadt geplant, die allerdings dank Bürgerprotesten nur in einigen Bereichen (Huttenplatz) umgesetzt wurden.

Im Oktober/November 1989 formierten sich auch hier politische Vereinigungen und Bürgerinitiativen, es gab Friedensgebete in Kirchen und regelmäßige Demonstrationen gegen das SED-Regime. Erfurt war eine der ersten ostdeutschen Städte, in der die Bürgerbewegung Anfang Dezember 1989 die regionale Staatssicherheitszentrale besetzte. Die Stadt wurde 1991 wieder zur Thüringer Landeshauptstadt erhoben, ihre Wirtschaft jedoch war marode. Die Treuhand verkaufte zwischen 1990 und 1993 640 Erfurter Betriebe und reprivatisierte mehr als 3.000 Unternehmen. Als Landeshauptstadt mit etwa 200.000 Einwohnern ist Erfurt nicht nur die größte Stadt Thüringens, sondern inzwischen auch zur klassischen Verwaltungs- und Dienstleistungsstadt geworden. Zwar brilliert die Stadt heute nicht mehr als Industriestandort, doch ist sie als Hochschulstandort mit neuer Universität und Fachhochschule, als Medienstandort des MDR und des Kinderkanals, als wunderbar restaurierte Altstadt mit den charakteristischen Baudenkmalen und dem vielfältigen kulturellen Angeboten von Theater, Museen und Galerien sowie als attraktive Einkaufsstadt ein echter Anziehungspunkt für Gäste und Einheimische geworden. Durch ihre zentrale geografische Lage garantiert die Thüringer Metropole mit der ICE-Anbindung, dem internationalen Flughafen und dem großen Autobahnkreuz leichte Erreichbarkeit aus allen Richtungen Deutschlands und hat damit einen Standortvorteil, der nicht nur für Touristen, sondern auch für die Ansiedlung von Unternehmen entscheidend ist.

DIE BACHFAMILIE

Erfurt verfügt über eine lange Familientradition der Bachfamilie. Hans Bach, der „Spielmann aus Wechmar", gilt als Urvater der Bachfamilien. Er hatte drei Söhne: Johann, Christoph und Heinrich. Sie waren Stadtpfeifer und Ratsmusikanten und Johann Bach (* 1604, † 1673 in Erfurt) gleichzeitig von 1636 bis 1673 Organist an der Predigerkirche in Erfurt.

JOHANN AMBROSIUS BACH

* 1645 in Erfurt, † 1695 in Eisenach

Dem Vater von Johann Sebastian Bach gelang 1667 eine Anstellung als Geiger bei den Erfurter Ratsmusikern, die von seinem Onkel Johann geleitet wurden. 1668 ehelichte Johann Ambrosius Bach die Tochter des Erfurter Ratsherren Maria Elisabeth Lämmerhirt (* 1644, † 1694) in der Kaufmannskirche und wohnte am Junkersand 3. Aus der Ehe gingen acht Kinder hervor. Johann Ambrosius Bach ging 1671 als Stadt- und Hofmusiker nach Eisenach, wo er 1695 starb.

DR. JOHANNES BONEMILCH VON LAASPHE

* um 1434 in Laasphe, † 1510 in Erfurt

Von Laasphe war Pfarrer der Michaeliskirche, „durchlief" die Erfurter Universität vom Studenten bis zum Professor und übernahm als Dekan und mehrfacher Rektor Verantwortung. Als Domherr und Weihbischof des Erzbistums Mainz mit Sitz in Erfurt stand er auch in hohen geistlichen Funktionen. Er erlangte darüber hinaus bis in unsere Zeit Bedeutung als Auftraggeber für den Guss der großen Glocke des Domes, der „Gloriosa", die er auch 1497 weihte. Ein weiteres Zeugnis seines Wirkens befindet sich in der Michaelisstraße. Die Laasphekapelle, auch Dreifaltigkeitskapelle genannt, geht auf seine Stiftung zurück. Martin Luther empfing durch ihn 1507 die Priesterweihe.

BONIFATIUS

* um 672 in Crediton, † 754 bei Dokkum

Die erste urkundliche Benennung Erfurts geht auf den Missionar und Heiligen Bonifatius zurück. Er missionierte bei den Friesen, Hessen, Thüringern und Bayern. 724 kam der Missionar zum zweiten Mal nach Thüringen. Für diese Zeit vermutet man die Stiftung des ersten Vorgängerbaus des heutigen Domes durch ihn. 732 ernannte der Papst Bonifatius zum Erzbischof und 737/8 wurde ihm die Missionsarbeit für ganz

Germanien unterstellt. Für die von ihm gegründeten Bistümer Erfurt, Büraburg (heute Fritzlar) und Würzburg erbat Bonifatius in einem Brief die Bestätigung vom Papst Zacharias. Das ist die erste urkundliche Nennung Erfurts, „… einem Ort, welcher Erphesfurt heißt und schon vor Zeiten eine befestigte Siedlung heidnischer Bauern war …" Der Papst bestätigt 743 die Bistümer.

MEISTER ECKHART

*um 1260 bei Gotha, † 1328 in Avignon
Nah bei Tambach in Thüringen wurde um 1260 der deutsche Mystiker Meister Eckhart geboren. Schon in jungen Jahren kam Eckhart in das Erfurter Dominikanerkloster (um 1275). Ab 1277 studierte er in Paris die „sieben freien Künste" und in Köln Theologie. Danach kehrte er in das Erfurter Dominikanerkloster („Predigerkloster") zurück. 1294 wurde er von seinen Mitbrüdern zum Prior gewählt. 1302/3 promovierte und lehrte er an der Pariser Universität. Nach seiner Rückkehr an das Erfurter Predigerkloster stand er von 1303 als Provinzial der Ordensprovinz Sachsen vor. 1311 gab er alle Ämter auf und ging wieder an die Pariser Universität, wo er bis 1313 lehrte. Ordensgeneral in Straßburg und Leiter des Kölner Generalstudiums seines Ordens waren weitere Lebensstationen. Er geriet unter den Vorwurf der Ketzerei, starb aber vor Abschluss des Prozesses. Im nach seinem Tode weitergeführten Inquisitionsverfahren werden 28 Sätze seiner Schriften verurteilt. Nachhaltig beeinflusste er die Mystik des Mittelalters und mit seinen Schriften die deutsche Sprache.

EOBANUS HESSUS

*1488 in Halgehausen, † 1540 in Marburg
Der gefeierte Dichter wurde auch von Luther, Hutten und Reuchlin verehrt. Er errang großen Ruhm für seine Übersetzungen von Homer und Virgil und war der bedeutendste deutsche Neulateiner und humanistisch geprägte Dichter seiner Zeit.
Er gehörte dem ersten Erfurter Humanistenkreis um Mutianus Rufus an. Crotus Rubianus, Ulrich von Hutten und Peter Eberbach sind weitere Namen der Erfurter Humanisten.

MARTIN LUTHER

* 1483, † 1546 in Eisleben

Mit 17 Jahren kam Martin Luther im April 1501 nach Erfurt und er verließ die Stadt mit fast 28. Er eignete sich in den zehn Jahren das Wissenschaftsverständnis und die Theologie seiner Zeit an. Luther schrieb 1513: „Die Erfurter Universität ist meine Mutter, der ich alles verdanke." 1505 trat Luther in das Erfurter Augustinerkloster ein. Er studierte Theologie und entdeckte über die Texte des Augustinus die Bibel als Quelle und Zentrum aller Theologie. 1517 verfasste er die 95 Thesen und sandte reformatorische Schriften an die Erfurter Universität und das Augustinerkloster. Johannes Lang, seit 1516 Prior des Erfurter Augustinerklosters, und die Humanisten der Erfurter Universität öffneten sich gegenüber den reformatorischen Gedanken.

Auf dem Weg zum Reichstag nach Worms wurde Luther am 6. April 1521 von Crotus Rubianus, dem Rektor der Erfurter Universität, und 40 Reitern feierlich in die Stadt geleitet. Die Bürger von Erfurt empfingen ihn jubelnd. Seine Predigt am Tag darauf in der überfüllten Augustinerkirche bewegte, polarisierte und gilt als ein entscheidender Impuls für die Entwicklung der Reformation in Erfurt.

JOHANN PACHELBEL

* 1653, † 1706 in Nürnberg

Der Barockkomponist Pachelbel wurde durch Orgelwerke, Kantaten, Motetten und Kammermusik berühmt. Von 1678 bis 1690 wirkte Johann Pachelbel an der Erfurter Predigerkirche als Organist. Diese Kirche besaß als evangelische Hauptkirche und zugleich Ratskirche eine besondere Stellung in der Stadt. Von 1690 bis 1692 nahm er die Anstellung als Stuttgarter Hoforganist und danach als Stadtorganist in Gotha wahr. Von 1695 wirkte er als Organist in seiner Geburtsstadt Nürnberg bis zu seinem Tod 1706.

CHRISTIAN REICHART

* 1685, † 1775 in Erfurt

Er gilt als Begründer des Erwerbsgartenbaues und betrieb das, was wir heute unter Intensivierung der Landwirtschaft verstehen. Sein sechsbändiges Werk „Land- und

Garten-Schatz" gab europaweit Anstoß für die Anwendung wissenschaftlicher Methoden in Landwirtschaft und Gartenbau. Reichart begründete den Ruf Erfurts als „Blumenstadt". Den Deutschen machte er den Blumenkohl schmackhaft, veredelte manches Gemüse und begründete so den guten Ruf der Erfurter Samenzucht.

ADAM RIES

* 1492 in Staffelstein, † 1559 in Annaberg

Er lebte von 1518 bis 1523 in Erfurt. Als Rechenmeister fasste er die Mathematik seiner Zeit in leicht verständlichen Beispielen zusammen. Sei erstes Rechenbuch „Rechnung auff der linihen …" wurde in Erfurt gedruckt und vermittelte gekonnt Grundlagenwissen. Als Hilfsmittel wurde der Abakus verwandt, auch Rechenbrett genannt. Dieses „Rechnen auf der Linie" ist unter der Büste von Adam Ries (Michaelisstraße 48) in einer Bodenplatte dargestellt. Mit seinem zweiten Lehrbuch brachte Ries die „Null" und das schriftliche Rechnen „unter die Leute". Selbstverständlich rechnete man schon vor Adam Ries. Aber zum großen Teil wurden noch römische Ziffern verwandt, das heißt lateinische Buchstaben. Die „Null" kommt bei den römischen Zahlen nicht vor. Das änderte sich mit dem Erfolg des Buches von Adam Ries, den der Buchdruck möglich mach-

te. Sehr schnell konnte sich nun das Dezimalsystem, das Rechnen mit der Null und damit das schriftliche Rechnen verbreiten.

JOHANN BARTHOLOMÄUS TROMMSDORFF

* 1770, † 1837 in Erfurt

Er begründete die Pharmazie als eigenständige Wissenschaft. Das erste Rezepturlehrbuch stammt aus seiner Feder. Er gründete die erste Apothekervereinigung in Deutschland und die erste pharmazeutische Fachzeitschrift. Mit der Gründung eines Privatinstitutes ermöglichte er über 300 jungen Männern eine fundierte Ausbildung in den Naturwissenschaften und der Pharmazie. Richtungweisend war auch das erste Lehrbuch der Pharmakognosie, in dem er die pflanzliche und tierische Drogenkunde als Teilgebiet der Pharmazeutischen Biologie begründete.

PRAKTISCHE HINWEISE

ÜBERNACHTUNG

HOTELS

PULLMAN ERFURT
AM DOM*****
★ TOP-TIPP ÜBERNACHTUNG

€€€€€ Exclusives Hotel – zentral zwischen Domberg und dem neuen Theater gelegen – das als moderner Neubau (2004) mit 160 Zimmern und 8 Suiten höchsten Ansprüchen voll entspricht.
Theaterplatz 2 • Tel.: (03 61) 6 44 50
Fax: 6 44 51 00 • h3534@accor.com
www.pullmanhotels.com

HOTEL ZUMNORDE
AM ANGER SUPERIOR *****S
★ TOP-TIPP ÜBERNACHTUNG

€€€€€ Auf dem Anger in der Altstadt befindet sich das wohl individuellste Hotel der Stadt mit 50 Zimmern und 4 Suiten mit hohem Komfort. Das Restaurant Zumnorde erfüllt vom Biergarten im ansprechenden Ambiente, über Kaminzim

mer bis hin zum Gourmet-Restaurant alle Wünsche.
Anger 50–51 (Eingang Weitergasse 26)
Tel.: (03 61) 5 68 00 • Fax: 5 68 04 00
info@hotel-zumnorde.de
www.hotel-zumnorde.de

RADISSON BLU HOTEL
ERFURT SUPERIOR ****

€€€€ Das einstige Interhotel KOSMOS wurde 1980 mitten in der Stadt eröffnet und verfügt nach aufwendiger Sanierung (2003) über 282 Zimmer und 31 Suiten in 5 Kategorien – vom Standardzimmer bis zur Präsidentensuite. Einen großartigen Blick auf die Altstadt bieten der Wellnessbereich in der 17. Etage und die Suiten der oberen Stockwerke.
Juri-Gagarin-Ring 127
Tel.: (03 61) 5 51 00 • Fax: 5 51 02 10
info.erfurt@radissonsas.com
www.radisson-erfurt.de

MERCURE HOTEL
ERFURT-ALTSTADT****

€€€€€ Nur wenige Schritte vom Wenigemarkt oder Anger führen zum Hotel in Altstadtlage mit historischem Flair. 141 Zimmer und 2 Suiten, das Restaurant und ein Wellnessbereich sorgen für das Wohlbefinden der Gäste.
Meienbergstraße 26–27
Tel.: (03 61) 5 94 90 • Fax: 5 94 91 00
h5375@accor.com • www.mercure.com

ÜBERNACHTUNGSHINWEISE
Erfurt-Tourist-Information
Benediktsplatz 1
Tel.: (03 61) 66 40-200
www.erfurt-tourismus.de
www.hotel.de/erfurt
www.hotels-erfurt.reisen.de
www.pensionen-erfurt.de

◀ Rummel auf dem Erfurter Domplatz

Preisniveau: Doppelzimmer €€€€€ ab 100 € / €€€€ ab 80 € / €€€ ab 60 € / €€ ab 40 € / € unter 40 €

★ TOP-TIPPS ÜBERNACHTUNG

PULLMAN ERFURT AM DOM
Elegantes und stilvolles Hotel in moderner Architektur mit bestem Service nah am Dom und Theater/Oper.

HOTEL ZUMNORDE AM ANGER SUPERIOR
Die zentrale Lage und ein hoher Komfort erfüllen alle Voraussetzungen eines idealen Ausgangspunktes, um Erfurt zu erleben.

VICTOR'S RESIDENZ-HOTEL ERFURT
Am Rande der Altstadt (Straßenbahnanschluss 50 m) große Zimmer, freundlicher Service, gutes Preis-Leistungs-Verhältnis.

VILLA AM PARK
Stilvolle Pension am südwestlichen Altstadtrand.

PENSION RAD-HOF
Eine gute Adresse für Radfahrer und Familien.

IBB HOTEL ERFURT★★★★

€€€€€ Direkt hinter der Krämerbrücke befindet sich dieses moderne Hotel mit 91 Zimmern und 9 Suiten, dessen Ausstattung der französische Star-Designer Didier Gomez entwarf. Das Haus bietet Sauna und Biergarten sowie das exzellente Restaurant „Zum Alten Schwan".
Gotthardtstraße 27
Tel.: (03 61) 6 74 00 • Fax: 6 74 04 44
erfurt@ibbhotels.com
www.ibbhotels.com

INTERCITYHOTEL-ERFURT★★★★

€€€€ Das Hotel mit 161 Zimmern und einer Suite verfügt mit direkter Lage am Hauptbahnhof über schnelle Verkehrsanbindungen. Schallisolierte Zimmer garantieren Ruhe und Erholung. Der Zimmerausweis ermöglicht kostenfreie Nutzung des Nahverkehrs.

Willy-Brandt-Platz 11
Tel.: (03 61) 5 60 00 • Fax: 5 60 09 99
erfurt@intercityhotel.de
www.intercityhotel.com

BEST WESTERN HOTEL EXCELSIOR★★★★

€€€€€ Das im Jugendstil errichtete Gebäude liegt zwischen Bahnhof und Anger und besitzt 74 Zimmer sowie 3 Suiten.
Bahnhofstraße 35
Tel.: (03 61) 5 67 00 • Fax: 5 67 01 00
info@excelsior.bestwestern.de
www.excelsior.bestwestern.de

VICTOR'S RESIDENZ-HOTEL ERFURT★★★★
★ TOP-TIPP ÜBERNACHTUNG

€€€€ Im Süden – altstadtnah – befindet sich das Hotel mit 68 großen Zimmern und Suiten im mediterranen Stil.

Zwei gute Restaurants, Bar und Tiefgarage befinden sich im Haus.
Häßlerstraße 17
Tel.: (03 61) 6 53 30 • Fax: 6 53 35 99
info.erfurt@victors.de • www.victors.de

RAMADA HOTEL ERFURT****

€€€€ Das Hotel mit Stadtrandlage Richtung Weimar – mit schneller Anbindung zur A 71 und A 4 – bietet 91 komfortable Zimmer.
Auf der großen Mühle 4
99198 Erfurt-Linderbach
Tel.: (03 61) 4 38 30 • Fax: 4 38 34 00
erfurt@ramada.de
www.ramada.de

HOTEL PARK INN ERFURT-APFELSTÄDT****

€€€€ In der Burgenlandschaft „Drei Gleichen" – nur 15 Autominuten von Erfurt und 3 km von der A 4 bzw. A 71 entfernt, bietet das Hotel im amerikanischen Landhausstil 96 Gästezimmer und 2 Suiten in 3 Kategorien. Sauna, Solarium, Wellness, Restaurant, Bar.
Riedweg 1, 99192 Erfurt-Apfelstädt
Tel.: (03 62 02) 8 50 • Fax: 8 54 10
info.erfurt@rezidorparkinn.com
www.erfurt.parkinn.de

PENSIONEN

PENSION WEGERICH

€€€–€€€€ Nichtraucherpension altstadtnah mit Straßenbahnanschluss, 8 Zimmer und 2 Suiten.

Windthorststraße 29
Tel.: (03 61) 3 45 75 58 • Fax: 3 45 75 59
info@pension-wegerich.de
www.pension-wegerich.de

VILLA AM PARK
★ TOP-TIPP ÜBERNACHTUNG

€€€ Die Jugendstilvilla mit hochwertiger Ausstattung liegt nahe der Erfurter Gartenbauausstellung (ega) und dem Luisenpark sowie 15 Gehminuten vom Altstadtzentrum. Die 5 Nichtraucher-Zimmer sind stilvoll gestaltet und verfügen über Bad, Dusche, WC und Internet.
Tettaustraße 5
Tel.: (03 61) 7 89 48 60 • Fax: 7 89 44 73
mail@villa-am-park-erfurt.de
www.villa-am-park-erfurt.de

PENSION KLEINHAMPL + GERBER

€€ Nichtraucherpension mit 9 Zimmern, 2 Zimmer mit Wasserbetten. Gut ausgestattet, freundlich familiär, 10 Minuten vom Altstadtzentrum entfernt.
Dalbergsweg 24
Tel.: (03 61) 2 25 02 93 • Fax: 6 63 99 64
m.kleinhampl@freenet.de
www.erfurt-tourismus.de

PENSION AM DOM

€€€ Nichtraucherpension mit 8 Zimmern in zentraler Innenstadtlage am Dom und gediegener Ausstattung. Zusätzlich Ferienwohnungen.
Lange Brücke 57 • Tel.: (03 61) 55 04 86 60
Fax: 5 62 84 41 • info@dompension.de
www.dompension.de

Preisniveau: Doppelzimmer €€€€€ ab 100 € / €€€€ ab 80 € / €€€ ab 60 € / €€ ab 40 € / € unter 40 €

ALTSTADTPENSION AM DOM

€€–€€€   Seit 2007 eröffnete Pension mit 7 Zimmern in zentraler Lage des mittelalterlichen Stadtkerns.
Pergamentergasse 42
Tel.: (03 61) 6 02 01 97 • Fax: 6 02 98 10
info@altstadtpension-erfurt.de
www.altstadtpension-erfurt.de

FERIENZIMMER IM ANDREASVIERTEL

€€   Im mittelalterlichen Andreasviertel wohnt man in modern und liebevoll eingerichteten Nichtraucherzimmern. Alle Sehenswürdigkeiten sind in wenigen Minuten zu erreichen.
Glockengasse 26 • Tel.: (03 61) 6 64 01 10
zimmer@erfurt-tourismus.de
www.erfurt-tourismus.de

PENSION RAD-HOF
★ TOP-TIPP ÜBERNACHTUNG

€€€   Nicht nur für Radfahrer – direkt neben dem Augustinerkloster befindet sich das liebevoll restaurierte und zur Pension ausgebaute Haus mit 6 Zimmern. Familienfreundlich.
Kirchgasse 1 B • Tel.: (03 61) 6 02 77 61
erfurt@rad-hof.de • www.rad-hof.de

HOSTEL

OPERA HOSTEL

€   60 Betten in 29 Ein- bis Sieben-Bett-Zimmern.
Walkmühlstraße 13 • Tel.: (03 61) 60 13 13 60
Fax: 60 13 13 66 • www.opera-hostel.de

JUGEND-UNTERKÜNFTE

JUGENDHERBERGE ERFURT/ MEDIENHERBERGE

€   Die Jugendherberge in der Hochheimer Straße verfügt über 201 Betten, 52 Zimmer (Dusche und WC) und 2 Tagesräume. Sie ist für Rollstuhlfahrer geeignet (4 Zimmer mit je 2 Betten) und besitzt eine Tagungs- und breite technische Ausstattung.
Hochheimer Straße 12
Tel.: (03 61) 5 62 67 05 • Fax: 5 62 67 06
www.erfurt-hochheimerstr.jugendherberge.de

JUGENDHERBERGE ERFURT/ MEDIENHERBERGE

€   Die Jugendherberge in der Klingenstraße verfügt über 55 Betten mit 20 Ein- bis Vier-Bett-Zimmern (Dusche und WC).
Klingenstraße 4
Tel.: (03 61) 5 62 67 05 • Fax: 5 62 67 06
www.erfurt-klingenstr.jugendherberge.de

RE_4 HOSTEL

€   Gelungene Mischung aus Hotel, Pension und Jugendherberge, liebevoll renoviertes und von diversen Künstlern dekoriertes ehemaliges Polizeirevier mit Zimmern verschiedenster Kategorien.
Puschkinstraße 21
Tel.: (03 61) 6 00 01 10
Fax: 6 00 01 16
www.re4hostel.com

GASTRONOMIE

Die Erfurter Gastlichkeit lockt mit zahlreichen vielfältigen und kreativen Angeboten. Ob Thüringer, klassisch deutsche, internationale, traditionelle, innovative, romantische oder poppige Küche, ob Rostbratwurst oder edelste Gerichte – etliche Hundert Gaststätten, Cafés, Restaurants, Bars und Kneipen bieten Köstlichkeiten und Unterhaltung für den großen wie den kleinen Geldbeutel. Der Altstadtbereich verwandelt sich mit den ersten wärmenden Sonnenstrahlen in eine große Sonnenterrasse, auf der jeder die für ihn passende Lokalität finden kann.

GASTSTÄTTEN, RESTAURANTS

ALBOTH'S RESTAURANT IM KAISERSAAL
★ TOP-TIPP RESTAURANT

€€€ Feinschmecker-Restaurant mit gediegener Atmosphäre und meisterlicher Kochkunst, Gault-Millau-Empfehlung. Futterstraße 15/16
Tel.: (03 61) 5 68 82 07 • www.alboths.de
Di.–Sa. ab 18.30 Uhr

CASTILLO CATALANA
★ TOP-TIPP RESTAURANT

€€–€€€ Im mittelalterlichen Keller des Markthofes kann man die traditionelle und moderne Küche Spaniens und Frankreichs mit erlesenen Weinen genießen. Zusätzlich gibt es regelmäßige Kochevents für Einzelpersonen oder größere Gruppen. Weitere Informationen finden sich auf der Website.
Im Markthof Erfurt, Marktstraße 34
(Eingang neben Marktcafé)
Tel.: (03 61) 5 50 63 35 • www.catalana.de
Mo.–Do. 17–23 Uhr,
Fr./Sa. 12–24 Uhr

CHARLESTON

€–€€€ Italienisches Restaurant im Stil der 20er Jahre, große Karte mit Pizza, Pasta, Fleisch- und Fischgerichten, über 200 italienische Weine, Sonnenterrasse am Alten Angerbrunnen.
Anger 41 • Tel.: (03 61) 6 63 78 38
www.charlestonerfurt.de
täglich 11–23.30 Uhr

FEUERKUGEL

€€ Bei den Einheimischen beliebte Traditionsgaststätte mit feiner Thüringer und Erfurter Küche, echte handgemach-

★ TOP-TIPPS GASTSTÄTTEN UND RESTAURANTS

CASTILLO CATALANA
In einem mittelalterlichen Keller des Markthofs exzellente Küche Kataloniens genießen.

ALBOTH'S RESTAURANT IM KAISERSAAL
Die Gault-Millau-Empfehlung in Erfurt.

MATHILDA
An der Barfüßerkirche, leichte mediterrane Speisen, kleines modernes Restaurant.

ZUMNORDE
Ob gehobenes Ambiente oder rustikaler Stil – für jeden Geschmack etwas. Exzellente Küche, schöner Biergarten.

ZUM GÜLDENEN RADE
Handgemachte Thüringer Klöße und große Auswahl an Speisen in historischem Gemäuer.

te Thüringer Klöße von Oma Käthe, mit Sonnenhof.
Michaelisstraße 3–4
Tel.: (03 61) 7 89 12 56
www.feuerkugel-erfurt.de
täglich 11–24 Uhr

GALLO NERO
€€–€€€ Echte italienische Küche in gemütlicher Atmosphäre, guter Service, Sonnenterrasse.
Michaelisstraße 29 • Tel.: (03 61) 6 53 61 82
www.gallonero-erfurt.de
Di.–Sa. 11–24 Uhr, So. 12–22 Uhr

GLASHÜTTE PETERSBERG
€–€€ Café-Restaurant-Bar auf dem Petersberg mit Rundblick auf die Stadt.
Petersberg 11 • Tel.: (03 61) 6 01 50 94
www.glashuette-petersberg.de
täglich 10–1 Uhr

HOPFENBERG
★ TOP-TIPP SOMMER
€–€€ Traditionsgasthaus seit 1866, regionale und andere kulinarische Speisen in stilvollem Ambiente und mit dem schönsten Biergarten Erfurts.
Am Hopfenberg 14
Tel.: (03 61) 2 62 50 00
www.hopfenberg-erfurt.de
täglich 11–23 Uhr

LUTHER-KELLER
€–€€ Mittelalterliche Erlebnisgastronomie, die Mägde sprechen wie zu Luthers Zeiten und servieren im rustikalen Ambiente an hölzernen Tafeln und bei spärlichem Licht der Öllampen. Deftiges

▶ Erfurt lockt seine Gäste von nah und fern mit einem vielseitigen gastronomischen Angebot

118

★ TOP-TIPPS FÜR DEN SOMMER

HOPFENBERG
Modernes Ambiente, gehobene bürgerliche Küche, mit Blick auf die Stadt unter Schatten spendenden Bäumen im schönsten Biergarten Erfurts.

WALDHAUS
Gasthausbrauerei mit großem Biergarten idyllisch mitten im Steigerwald gelegen.

WALDKASINO
Die Brauereigaststätte serviert am Rand des Steigerwaldes italienische und Thüringer Küche garniert mit Stadtblick.

und Feines aus deutscher und Thüringer Küche.
Futterstraße 15–16
Tel.: (03 61) 5 68 82 05
www.lutherkeller.de
Di.–Sa. ab 18 Uhr

MATHILDA
★ TOP-TIPP RESTAURANT

€–€€   Junge frische mediterrane Küche, klein und fein, auserlesene Weine und andere Köstlichkeiten.
Barfüßerstraße 1–2
Tel.: (03 61) 2 16 90 96
Mo.–Fr./So. 17.30–22 Uhr (Küchenschluss), Sa. ab 10 Uhr

MEDITERRANA
€–€€€   Italienische Küche in einer ehemaligen Mühle, Sonnenterrasse am Walkstrom.
Lange Brücke 37 A
Tel.: (03 61) 6 02 76 00
www.mediterrana-erfurt.de
täglich 11–24 Uhr

NAGANO
€–€€   Das Japanrestaurant bietet alles an bekannten, kalten und warmen Spezialitäten aus „Nippons" Küche, Gerichte werden auch bei Tisch gekocht – Vorbestellung nötig.
Lange Brücke 28
Tel.: (03 61) 6 43 60 21
www.nagano-erfurt.de
Mo.–Sa. Sushi-Bar 12–14, 18–23 Uhr, Di.–Sa. Restaurant 18–24 Uhr

PAVILLON
€–€€   Das wohl beste China-Restaurant in Erfurt mit großer Karte und schnellem Service.
Kronengasse 1 • Tel.: (03 61) 6 02 94 38
Mo.–Sa. 11.30–15, 17.30–23.30 Uhr, So. 11.30–22 Uhr

RUSSISCHER HOF
€€   Russisch-kaukasische Küche, Gault-Millau-Empfehlung 2008, man spürt die russische Seele.
Krämpferstraße 11–15

120

Tel.: (03 61) 6 54 68 14
www.russischer-hof-erfurt.de
Mo.–Sa. 17–1 Uhr,
So. 12–15, 17–1 Uhr

TRATTORIA LA GRAPPA

€–€€   Enoteca-Ristorante-Trattoria am Fischmarkt, Pasta und andere italienische Köstlichkeiten, rustikale und italienische Gastlichkeit, über 200 Grappa.
Schuhgasse 8–10
Tel.: (03 61) 5 62 33 15
www.la-grappa-erfurt.de
täglich 11–23.30 Uhr

WACHSBERG PALAIS

€€–€€€   Exzellente Küche, Restaurant, Vinothek im modernen Design, Wintergarten, Sonnenterrasse.
Futterstraße 13
Tel.: (03 61) 6 54 77 99
www.palaiswachsberg.de
täglich ab 11 Uhr

WALDHAUS
★ TOP-TIPP SOMMER

€–€€   Seit über 100 Jahren lockt das Waldhaus im Sommer mit dem größten Biergarten Thüringens. Im Winter kann man italienische und thüringische Spezialitäten im mediterran gestalteten Wintergarten genießen. Über 16 verschiedene Biersorten werden über das Jahr direkt im Waldhaus gebraut und ausgeschenkt. Darüber hinaus bietet das idyllisch gelegene Ausflugslokal einen guten Blick auf Thüringer Wald und die Drei Gleichen. Die kleinen Gäste können sich auf einen „Streichelzoo" und einen großen Spielplatz freuen.
Waldhaus GbR
Rhodaer Chaussee 12, 99094 Erfurt
Tel.: (03 61) 3 45 93 20
bestellservice@waldhaus-erfurt.de
www.waldhaus-erfurt.de
täglich 11–24 Uhr
Anfahrt (Bus): Buslinie 60 vom
Busbahnhof – Haltestelle „Waldhaus"

WALDKASINO
★ TOP-TIPP SOMMER

€–€€€   Restaurant und Café für den kleinen Ausflug oder Spaziergang in den Steigerwald mit Blick auf die Stadt.
Waldkasino 2
Tel.: (03 61) 3 45 66 77
www.waldkasino.de
täglich 10–24 Uhr

WIRTSHAUS CHRISTOFFEL

€–€€€   Spaß und Unterhaltung bei mittelalterlicher Erlebnisgastronomie, Bedienung in historischer Kleidung und „alter" Sprache, mittelalterliche und Thüringer Küche.
Michaelisstraße 41
Tel.: (03 61) 2 62 69 43

Hauptgericht ohne Getränke €€€ ab 15 € / €€ ab 10 € / € unter 10 €

www.wirtshaus-christoffel-erfurt.de
täglich 11–1Uhr, Sa. bis 2 Uhr

ZUM ALTEN SCHWAN

€€–€€€   Regionale und internationale Spezialitäten, romantischer Biergarten an der Furt der Krämerbrücke.
Gotthardtstraße 27
Tel.: (03 61) 6 74 04 44
www.sorat-hotels.com
Mo.–Sa. 11.30–24 Uhr,
So. 11.30–14.30 Uhr

ZUM GOLDENEN SCHWAN

€–€€   Gemütliche Atmosphäre und typische Thüringer Klöße sowie selbst gebrautes Bier.
Michaelisstraße 9 • Tel.: (03 61) 2 62 37 42
www.zum-goldenen-schwan.de
März–Dez. täglich 11–1 Uhr,
Jan./Feb. Mo.–Fr. 17–1 Uhr,
Sa./So. 11–1 Uhr

ZUM GÜLDENEN RADE
★ TOP-TIPP RESTAURANT

€€   Große Karte, exzellente Küche, gemütliches Ambiente in historischen Mauern.
Marktstraße 50
Tel.: (03 61) 5 61 35 06
www.zum-gueldenen-rade.de
täglich 11–24 Uhr

ZUMNORDE
★ TOP-TIPP RESTAURANT

€–€€€   Zwei Bereiche, rustikal in der Stube mit sehr guter Thüringischer Küche, Gaumenfreuden im exzellenten

Gourmetrestaurant mit hervorragender Weinkarte, sonniger Biergarten.
Grafengasse 2–6
Tel.: (03 61) 6 58 57 91
www.restaurant-zumnorde.com
Mo.–Sa. 11.30–1 Uhr

ZUM REBSTOCK

€€–€€€   Im historischen Ambiente eines Patrizierhauses des 15. Jahrhunderts, exzellente Küche.
Futterstraße 2
Tel.: (03 61) 5 94 95 18
www.restaurant-zum-rebstock.de
täglich 10–22.30 Uhr

★ VEGETARISCH ESSEN

BILLES RESTAURANT
Täglich wechselndes Salat- und Suppenangebot, regionale Spezialitäten, Thüringer Blechkuchen.
Anger 80 a
Tel.: (03 61) 5 61 04 26
www.billes-restaurant.de
Mo.–Sa. ab 9 Uhr,
So./Feiertage ab 11 Uhr

ZUR BÖRSE

€–€€€ Erfurter Traditionsgaststät-
te mit bester Thüringer Küche, handge-
machte Thüringer Klöße.
Wenigemarkt 19
Tel.: (03 61) 5 62 65 09
www.zur-boerse-erfurt.de
Mo. 11–24 Uhr, So. 11–14 Uhr,
Jan.–März So. geschlossen

CAFÉS UND BISTROS

BACHSTELZENCAFÉ

Das Ausflugslokal bietet sich an nach
einem ausgiebigen Spaziergang durch
den Steigerwald oder per Rad über den
Bachstelzenweg nach Erfurt-Bischleben,
mit Biergarten.
Hamburger Berg 5, Erfurt-Bischleben
Tel.: (03 61) 7 96 83 86
Apr.–Okt. täglich ab 11 Uhr,
Nov.–März Do.–So. ab 11 Uhr

BISTRO LE GAULOIS

Französische Spezialitäten, 13 verschie-
dene Schweizer Käsefondues.
Kreuzgasse 5 • Tel.: (03 61) 2 11 43 54
Di.–So. ab 12 Uhr

CAFÉ FLO

Kaffee, Crêpes, Gâlettes, Brüsseler Waf-
feln, Süßes und Herzhaftes in einem kleinen Café, mit Sonnenhof.
Große Arche 2 • Tel.: (03 61) 6 44 23 62
Mo.–Sa. 11–19 Uhr, So. 14–19 Uhr

CAFÉ NERLY

Künstlercafé, etwas zurückgesetzt von
der Marktstraße, hinter der Klinkerfassade des ehemaligen Stadtgymnasiums
gelegen, in die Atmosphäre der 20er
Jahre mit Salons und historischem Mobi-
liar, selbst gebackener Kuchen.
Marktstraße 6
Tel.: (03 61) 3 81 32 55
www.cafe-nerly.de
Mo. 19–1 Uhr, Di.–So. 12–1 Uhr

CAFÉ ZUM ROTEN TURM

Auf der Krämerbrücke im Kirchturmge-
wölbe und in einer Bohlenstube oder
vor der Ägidienkirche guten Kaffee, leckeren Kuchen und erlesene Speisen genießen.
Krämerbrücke 17 • Tel.: (03 61) 7 89 12 27
www.cafe-zum-roten-turm.de
Mo.–Fr. 8–19 Uhr, Sa./So. 9–19 Uhr,
an lauen Sommerabenden auch
Terrasse auf dem Wenigemarkt am
Fr./Sa. bis 24 Uhr

DROGERIE-BISTRO

Feine Küche in einer historischen Apo-
theke, Pizza, Pasta, Salate, Baguette und
selbst gebackener Kuchen.
Wenigemarkt 8 • Tel.: (03 61) 6 42 28 50
Apr.–Okt. durchgehend,
sonst Mo. 18–1 Uhr, Di.–Do. 12–14.30,
18–1 Uhr, Fr./Sa 12–1 Uhr, So 13–18 Uhr

EISCAFÉ SAN REMO

Erfurts wohl bestes italienisches Eis in
historischen Mauern genießen, mit Sonnenterrasse.

Hauptgericht ohne Getränke €€€ ab 15 € / €€ ab 10 € / € unter 10 €

Marktstraße 21 • Tel.: (03 61) 6 43 04 49
www.san-remo.de
Mo.–Sa. 10–22 Uhr,
So./Feiertage 11–22 Uhr

EISCAFÉ RIVA

Eiscafé am Wenigemarkt, bestes Eis „auf die Hand" oder im modernen Café den großen Becher serviert, kleine Sonnenterrasse über der Gera.
Rathausbrücke 10
Tel.: (03 61) 5 62 88 14
So.–Do. 10–21 Uhr, Fr./Sa. 10–23 Uhr

EL GOLOSO

Tapas-Bar mit andalusischen Kreationen, hausgemachter Sangria im beschaulichen Ruhebereich des Markthofes, bei wärmender Sonne mit Terrasse.
im Markthof Marktstraße 34
Tel.: (03 61) 2 15 32 48 • www.catalana.de
Di.–Sa. 12–15 Uhr,
Mo.–Sa. ab 17.30 Uhr

KAFFEEMÜHLE

Café & Bar im Mühlenmuseum mit Terrasse an einem Arm der Gera, romantisch und ruhig gelegen.
Schlösserstraße 25 a
(im Museum Neue Mühle)
Tel.: (03 61) 6 00 05 52
täglich ab 9 Uhr

KRESSEPARK

Nach einem kleinen Spaziergang durch den Dreienbrunnenpark (auch Luisenpark genannt) über das Papierwehr in die Hochheimer Straße und im Café und

Genussvoll pausieren in stilvollen Cafés

Restaurant des Kresseparks entspannen, Wintergarten, Sonnenterrasse, Beachclub, Kinderspielplatz.
Motzstraße 8 • Tel.: (03 61) 7 89 44 13
www.kressepark-erfurt.de
Mo.–So. ab 10 Uhr

LA MOCCA

Das Café zwischen Domplatz und Hirschgarten, hausgemachte Thüringer Kuchen.
Lange Brücke 57 • Tel.: (03 61) 6 46 17 76
Di.–Sa. 11–18 Uhr, So. 14–18 Uhr

KONDITOREI & CAFÉ TRAUTWEIN

Einkehr nach einem kleinen Spaziergang durch den Dreienbrunnenpark (auch Luisenpark genannt) entlang der Gera, vorbei am Papierwehr bis nach Erfurt-Hochheim.
Drei-Quellen-Straße 29
Erfurt-Hochheim
Tel.: (03 61) 2 22 56 05
Mo./Do./Fr./ Sa 8–17 Uhr,
Mi. 14–17 Uhr, So. 13–17 Uhr

MUNDLANDUNG

Unverwechselbares Café und Bistro sowie Feinkostladen auf der Krämerbrücke, feine kleine mediterrane und Thüringer Köstlichkeiten.
Krämerbrücke 28
Tel.: (03 61) 6 44 38 44
www.mundlandung.de
Mo.–Sa. 8.30–21 Uhr, So. 10–18 Uhr

MY INDIGO

Frisches, natürliches, vitamin- und mineralstoffreiches Fastfood ohne Konservierungsstoffe.
Hefengasse 1/Ecke Rathausbrücke
Tel.: (03 61) 6 60 46 66
www.myindigo.eu
Mo.–Sa. 9–23 Uhr, So 10–23 Uhr

PACKHAM'S COFFEE HOUSE

Das etwas andere Café mit besonders gutem Kaffee und Tee. Kleine Köstlichkeiten. Stil, Musik, Bibliothek, Kunst, WLAN, Arbeitszimmer mit zwei PCs.
Pergamentergasse 11
Tel.: (03 61) 7 52 57 11 0
www.peckhams.de
Di.–So. 12–22 Uhr, Sa. 12–1 Uhr

KNEIPEN UND BARS

ACAPULCO

Bar, Lounge, Restaurant
Kürschnergasse 3 • Tel.: (03 61) 6 44 15 12
Mo.–Sa. 11–24 Uhr, So. 10–17 Uhr

ALTSTADTKNEIPE NOAH

Ehrliche Kneipenkultur, verwinkelte altehrwürdige Gaststube voll antiken Gestühls und Dekors, Biergarten unter Obstbäumen, deftige hausgemachte Thüringer Spezialitäten.
Große Arche 8 • Tel.: (03 61) 6 42 18 40
www.altstadtkneipe-noah.de
Mo. ab 19 Uhr, Di.–Fr. ab 16.30 Uhr, Sa. ab 12 Uhr, So. ab 18 Uhr

DOUBLE B

Kneipe mit Biergarten und Kinderspielplatz im Andreasviertel.
Marbacher Gasse 10
Tel.: (03 61) 2 11 51 22
www.doubleb-erfurt.de
Mo.–Fr. ab 8 Uhr, Sa./So./Feiertag ab 9 Uhr

FAUSTUS

Café-Restaurant-Bar mit Frühstück, Lunch, Kaffee und Kuchen, Dinner.
Wenigemarkt 5 • Tel.: (03 61) 5 40 09 54
www.restaurant-faustus.de
täglich ab 9 Uhr, So.–Do. bis 2 Uhr, Fr./Sa. bis 3 Uhr

HEMINGWAY

Bar & Lounge
Michaelisstraße 45
Tel.: (03 61) 5 51 99 44
www.rhumbar-hemingway.de
täglich ab 18 Uhr

MCKINELLY

Irish Pub
Johannesstraße 39

Tel.: (0361) 5 61 53 21
Mo.–Fr. ab 17 Uhr, Sa./So. ab 18 Uhr

MISS MARPLE

Gemütliche Altstadtkneipe.
Michaelisstraße 42
Tel.: (0361) 5 40 33 99
www.miss-marples.de
täglich 18–4 Uhr

MODERN MASTERS

Home-Bar & Lounge, Cocktails beim
Doppelweltmeister der Barmixer.
Michaelisstraße 48
Tel.: (0361) 5 50 72 55
www.modern-masters.de
So.–Do. 17–2 Uhr, Fr./Sa. 17–3 Uhr

MUSEUMSKELLER

Livemusik, Kellerkneipe, Biergarten
Juri-Gagarin-Ring 140 a
Tel.: (0361) 5 62 49 94
www.museumskeller.de

Dutzende Cafés und Szenekneipen
locken Einheimische und Gäste

OLD SAN FRANCISCO

Michaelisstraße 40
Tel.: (0361) 2 62 09 50
www.old-sanfrancisco.de

ROTER ELEPHANT

Allerheiligenstraße 4
Tel.: (0361) 5 61 28 87
http://roterelephant.de
Mo.–Fr. ab 17 Uhr, Sa./So. ab 11 Uhr

INTERNET-CAFÉS

ANTONI'S COFFEESHOP & BISTRO

Ca. 100 Kaffeevarianten, kostenloses
WLAN-Angebot, Terrasse auf dem Weni-
gemarkt.
Wenigemarkt 2 • Tel.: (0361) 6 44 79 10
**Mo./Di./Do. 8–19 Uhr, Mi./Fr. 8–24 Uhr,
Sa. 9–24 Uhr, So. 9–19 Uhr**

DAS BÜRO – INTERNET-TREFF AM FISCHMARKT

Wer das Arbeiten nicht lassen kann und
die Möglichkeiten eines Büros benötigt,
ist hier gut aufgehoben.
Fischmarkt 5 • Tel.: (0361) 2 62 38 34
www.internettreff-erfurt.de
**Mo.–Fr. 10–20 Uhr, Sa. 11–19 Uhr,
So. 15–20 Uhr**

INTERNET C@FE

Clara-Zetkin-Straße 40
Tel.: (0361) 34 99 00 00
www.i-cafe-erfurt.de
Mo.–Fr. durchgehend, Sa. 0–20 Uhr

EINKAUFEN

APIS COLORI

Der etwas andere Farbenladen mit italienischen Papieren und Waid – Produkten
aus „Erfurts blauem Wunder".
Pergamentergasse 5
Tel.: (03 61) 2 22 01 33
www.apiscolori.com
Mo.–Fr. 11–18 Uhr, Sa. 11–15 Uhr

BORN-SENF-LADEN

Born-Senf gehört nicht nur auf die Rostbratwurst, er hat auch seine Schokola-
denseite! Wer Senf in seiner vielfältigen
Verwendung, den unbekannten Gau-
mengenreiz von Senf-Pralinen und an-
derer Produkte kennenlernen will, ist
hier an der richtigen Adresse.
Wenigemarkt 11 • Tel.: (03 61) 74 03 40
www.born-feinkost.de
Sa. 10–18 Uhr,
Jan.–März Mo.–Fr. 10–18 Uhr,
Apr.–Dez. Mo.–Fr. 10–19 Uhr

DÜRERHAUS

Zwischen Fischmarkt und Anger bietet
das Dürerhaus besondere Produkte und
Unikate des Thüringer Kunsthandwerks
aus den Bereichen Keramik, Schmuck
und Textilien.
Schlösserstraße 38 • Tel.: (03 61) 6 42 13 93
Mo.–Fr. 10–19 Uhr, Sa. 10–18 Uhr

GOLDHELM SCHOKOLADEN MANUFAKTUR

Krämerbrücke 12–14
Tel.: (03 61) 6 60 98 51
www.goldhelm-schokolade.de
Mo.–So. 10–19 Uhr
Werkstatt, Ladencafé & Restaurant
Hier schmeckt man die Liebe zur Scho-
kolade und sieht den Chocolatier beim
Conchieren.
Kreuzgasse 5 (hinter der Krämerbrücke)
Mo.–Fr. 11–18 Uhr,
Sa./So. 11–18 Uhr,
So. Cafébetrieb 14–18 Uhr

KAKTEEN-HAAGE

Über 3.000 Kakteen- und Sukkulenten-
arten sowie seltene Pflanzen wachsen
und gedeihen in der ältesten Kakteen-
zucht Europas – seit 1822. Im Sortiment
Kakteen für Fensterbrett, Gewächshaus
und Garten.
Blumenstraße 68
Tel.: (03 61) 2 29 40 00
www.kakteen-haage.de
Mo.–Fr. 8–18 Uhr, Sa. 10–15 Uhr

LINKSHÄNDER-LADEN

Spezialisiert auf die Bedürfnisse links-
händig veranlagter Menschen bietet
das Geschäft ein Sortiment von über 430
Produkten wie Schul-, Schreib-, Haus-
halts- und Lederwaren, Uhren, Compu-
terartikel, Werkzeuge und Literatur, die
für die Benutzung mit der linken Hand
optimiert sind.
Krämerbrücke 24
Tel.: (03 61) 55 04 84 40
www.linkshänder-laden.de
Mo.–Fr. 9–19 Uhr, Sa. 10–18 Uhr

MODEE-SHOP

Für die modebewusste Frau, die das Besondere für Business und Freizeit sucht – Mode im Stil individuell, facettenreich, außergewöhlich.
Regierungsstraße 70
Tel.: (03 61) 7 64 40 57
www.modee.de
Mo.–Fr. 10.30–18.30 Uhr,
Do. bis 19 Uhr, Sa. 10–16 Uhr

ROTSTERN CONFISERIE & ESPRESSOBAR

Die Thüringer Rotstern Schokoladenmanufaktur lässt hochwertige Pralinen und Schokoladen in Handarbeit fertigen und verkauft ihre Köstlichkeiten am Fischmarkt.
Am Fischmarkt 12
Tel.: (03 61) 2 16 60 80
www.rotstern.de
Mo.–Fr. 10–19 Uhr,
Sa. 10–18 Uhr

STILLEBEN

Hier finden Sie das außergewöhnliche Geschenk, ein modernes Detail für Ihr Zuhause oder eine exklusive Ergänzung zur Küche.
Krämerbrücke 33
Tel.: (03 61) 5 66 44 36
www.stilleben.de
Mo.–Fr. 10–19 Uhr,
Sa. 10–18 Uhr

◄Wohnen, Kunst und Handel sind im „Haus zur Glocke" vereint, Krämerbrücke Nr. 7

THÜRINGER SPEZIALITÄTENMARKT

Auch sonntags kann man im „Haus zum Schwarzen Ross" auf der Krämerbrücke unter vielen Spezialitäten aus Thüringen, die schmecken und auch gern verschenkt werden, auswählen.
Krämerbrücke 19 • Tel.: (03 61) 3 46 34 95
www.thueringer-spezialitaeten.de
Mo.–Sa. 10–18 Uhr, So. 10–17 Uhr

„TINTENHERZ" – KINDERBÜCHER UND SPIELE

Ausgezeichnet mit dem Kinderbuchhandlungspreis der Arbeitsgemeinschaft von Jugendbuchverlagen (AvJ) als beste Kinderbuchhandlung Thüringens (2006, 2007, 2008 und 2009).
Krämerbrücke 29
Tel.: (03 61) 3 46 77 53
www.buchhandlungtintenherz.de
Mo.–Fr. 10–18 Uhr, Sa. 10–16 Uhr
(oft auch länger)

VIBA-SWEETS

Der Thüringer Süßwarenhersteller Viba steht für feinsten Nougatgenuss in verschiedenen Geschmacksrichtungen und weitere süße Köstlichkeiten.
Fischmarkt 11
Tel.: (03 61) 6 01 37 49
www.viba-sweets.de
Mo.–Fr 10–18 Uhr, Sa 10–16 Uhr

Willy-Brandt-Platz 12 (Hauptbahnhof)
Tel.: (03 61) 6 01 28 81
Mo.–So. 9–20 Uhr

KULTURADRESSEN

MUSEEN UND SAMMLUNGEN

www.erfurt.de

ALTE SYNAGOGE

Die „Alte Synagoge" ist mit ihren ältesten Bauteilen aus dem 11. Jahrhundert die älteste bis zum Dach erhaltene Synagoge in Mitteleuropa. Sie beherbergt heute ein außergewöhnliches Museum mit einer Reihe mittelalterlicher Sachzeugnisse. Höhepunkt ist die Ausstellung des „Erfurter Schatzes", der im Jahre 1998 bei Bauarbeiten entdeckt wurde. Zusammen mit der Dokumentation der Baugeschichte der Synagoge bietet die Ausstellung Einblicke in die Geschichte der jüdischen Gemeinde Erfurts, die bis zu ihrer Verbannung eine herausragende Stellung in Europa innehatte.
Waagegasse 8 • Tel.: (03 61) 6 55 15 20
www.alte-synagoge.erfurt.de
Di.–So. 10–18 Uhr

ANGERMUSEUM

Das Kunstmuseum der Stadt Erfurt beherbergt eine bedeutende Sammlung an mittelalterlicher Kunst aus Thüringen mit international bedeutenden Werken wie dem Augustineraltar, der Hirschmadonna und der Rebenstockmadonna. Weltberühmt sind ebenfalls die 1922/24 entstandenen „Lebensstufen" Erich Heckels als einzige erhaltene Wandmalerei

des deutschen Expressionisten. Des Weiteren findet sich eine Gemäldesammlung mit den Hauptgattungen Landschaft, Stillleben und Porträt sowie eine umfassende Sammlung zum Thüringer Kunsthandwerk.
Anger 18 • Tel.: (03 61) 65 56 51
www.angermuseum.de
Di.–Sa. 10–18 Uhr

AUGUSTINERKLOSTER

Das Augustinerkloster zu Erfurt ist ein einmaliges Baudenkmal mittelalterlicher Ordensbaukunst. Zugleich ist das Kloster nicht nur eine international anerkannte Tagungs- und Begegnungsstätte, sondern auch weltweit bekannt als bedeutende Lutherstätte. Führungen finden immer zur vollen Stunde zwischen 10 und 17 Uhr (April–Okt.) bzw. zwischen 10 und 16 Uhr (Nov.–März) statt.
Augustinerstraße 10 • Tel.: (03 61) 57 66 00
www.augustinerkloster.de
Mo.–Fr. 8–20 Uhr, Sa./So. 8–18 Uhr

BORN-SENF-MUSEUM

Die Gebrüder Born bauten 1820 eine Senfmühle und produzierten aus heimischen Rohstoffen den Senf. Auch heute gehört Born-Senf auf die Thüringer Rostbratwurst. Viele weitere Verwendungsmöglichkeiten werden hier vorgestellt und die Geschmacksnerven beim Museumsbesuch aktiviert.

Wenigemarkt 11 • Tel.: (03 61) 74 03 40
www.born-feinkost.de
Sa. 10–18 Uhr,
Jan.–März Mo.–Fr. 10–18 Uhr,
Apr.–Dez. Mo.–Fr. 10–19 Uhr

DEUTSCHES GARTENBAUMUSEUM

Das Gartenbaumuseum befindet sich in der ehemaligen Cyriaksburg – heute mitten im „egapark Erfurt" gelegen. Das Museum verdeutlicht die Entwicklung des Gartenbaus und der Gartenkunst und bietet Laien wie Gartenprofis Anregung und Bereicherung.
Gothaer Straße 50
Tel.: (03 61) 22 39 90
März–Okt. Di.–So. 10–18 Uhr,
Juli–Sep. Mo.–So. 10–18 Uhr

DRUCKEREIMUSEUM UND SCHAUDEPOT IM BENARY-SPEICHER

Brühler Straße 37
(im Sparkassen-Finanzzentrum)
Tel.: (03 61) 7 89 48 05
Di./Do. 13–17 Uhr, Mi. 11–18 Uhr

ELEKTROMUSEUM

Schlachthofstraße 45
Tel.: (03 61) 6 01 17 51
www.elektromuseum.de
Di.–So. 10–17 Uhr,
außer an gesetzlichen Feiertagen

FORUM KONKRETE KUNST

Internationale Sammlung moderner Kunst aus den Bereichen Malerei und Grafik. Objekte und Installationen mit wechselnden Ausstellungen und Veranstaltungen.
Peterskirche auf dem Petersberg
Tel.: (03 61) 73 57 42
www.forum-konkrete-kunst-erfurt.de
Mi.–So. 10–18 Uhr

KLEINE SYNAGOGE

Die „Kleine Synagoge" war das erste Gotteshaus der zu Beginn des 19. Jahrhunderts nach langer Verbannung in Erfurt neu gebildeten jüdischen Gemeinde. Sie bietet Ausstellungs- und Veranstaltungsprogramme mit einem breiten Spektrum von Projekten zu Forschung, Bildung und Kultur.
An der Stadtmünze 4–5
Tel.: (03 61) 6 55 16 60 • www.erfurt.de
Di.–So. 11–18 Uhr

KUNSTHALLE ERFURT

Direkt gegenüber dem Rathaus findet sich die „Kunsthalle Erfurt" (ehemals Galerie am Fischmarkt). Die Kunsthalle organisiert und präsentiert auf ca. 750 m^2 Fläche wechselnde Ausstellungen der bildenden Kunst vom Beginn der Moderne bis zur Gegenwart. Neben thematischen oder retrospektiv ausgerichteten Ausstellungen zu Klassikern der Moderne bietet das Haus vor allem zeitgenössischen bildenden Künstlerinnen und Künstlern aus Deutschland und darüber hinaus regelmäßig ein Podium zur Präsentation ihrer Arbeiten.
Fischmarkt 7
Tel.: (03 61) 6 55 56 60

www.kunsthalle-erfurt.de
Di.–So. 11–18 Uhr, Do. 11–22 Uhr

MARGARETHA-REICHARDT-HAUS

Das Wohnhaus der Margarethe Reich-
ardt (1907–1984) wurde 1939 nach
Vorentwürfen des Bauhäuslers Konrad
Püschel gebaut. Die Bauhaus-Schülerin
gestaltete ihr Wohnhaus selbst und arbeitete hier an ihren Handwebstühlen.
In diesem technischen Denkmal kann
auch heute die Kunst des Handwebens
vorgeführt werden.
Am Kirchberg 32
99094 Erfurt-Bischleben
Tel.: (03 61) 7 96 87 26
nach tel. Vereinbarung

MUSEUM FÜR THÜRINGER VOLKSKUNDE

Auf dem Areal des historischen Großen
Hospitals befindet sich das Herrenhaus,
in dem heute das Volkskundemuseum
beheimatet ist. Ein malerischer Innen-
hof wird von der Hospitalkirche, einem
Seniorenheim und weiteren denkmalge-
schützten Gebäuden gerahmt.
Juri-Gagarin-Ring 140 a
Tel.: (03 61) 6 55 56 07
Di.–So. 10–18 Uhr,
Führungen nach Voranmeldung

MUSEUM NEUE MÜHLE

Neue Mühle, Technisches Denkmal und
Museum, schon 1259 als Mühle nachweisbar, 1982 wurde der Mühlenbetrieb
eingestellt.

Schlösserstraße 25 a
Tel.: (03 61) 6 46 10 59
Di.–So. 10–18 Uhr, nur Führungen
(stündlich), letzte Führung 17 Uhr

NATURKUNDEMUSEUM

2004 erhielt das Naturkundemuseum
den Museumspreis und 2007 den Heinz-
Sielmann-Ehrenpreis. Eine 350 Jahre alte
und 14 m hohe Eiche durchbricht und
„führt" durch die Stockwerke. Im Keller
betritt man die schaukelnde Arche Noah
und erlebt die bedrohte Tierwelt haut-
nah.
Große Arche 14
Tel.: (03 61) 6 55 56 80
www.naturkundemuseum-erfurt.de
Di.–So. 10–18 Uhr,
letzter Einlass 17.30 Uhr,
Führungen nach Vereinbarung

STADTMUSEUM – „HAUS ZUM STOCKFISCH"

Im Stadtmuseum Erfurt kann man die
über tausendjährige Geschichte Erfurts
nachvollziehen. Die Exponate reichen
von den ersten ur- und frühgeschicht-
lichen Ansiedlungen im Erfurter Raum
über die Stadtentstehung, dem wech-
selvollen Schicksal zwischen kurmain-
zischer, französischer und preußischer
Vormundschaft, den Veränderungen der
sozialistischen Bezirksstadt bis zu den Er-
eignissen der Wiedervereinigung 1990.
Johannesstraße 169
Tel.: (03 61) 6 55 56 50
www.stadtmuseum-erfurt.de
Di.–So. 10–18 Uhr

GALERIEN

BILDERHAUS KRÄMERBRÜCKE

Originale Kunstwerke werden im Bilderhaus Krämerbrücke ausgestellt und zum Verkauf angeboten.
Krämerbrücke 30 • Tel.: (03 61) 5 62 12 25
**Mi.–Fr. 11–18 Uhr, Sa. 11–16 Uhr
sowie nach Vereinbarung**

GALERIE DES VERBANDES BILDENDER KÜNSTLER THÜRINGEN

Verbandsmitglieder und Gäste stellen hier ihre Werke aus und bieten sie zum Verkauf an.
Krämerbrücke 4 • Tel.: (03 61) 6 43 37 74
www.vbkth.de
Di.–Fr. 11–18 Uhr, Sa. 11–14 Uhr

GALERIE IM HAUS DACHERÖDEN

Anger 37 • Tel.: (03 61) 6 55 16 30
http://dacheroeden.infonet-thueringen.de

GALERIE REISEN

Fünfmal jährlich bietet die Galerie in Verkaufsausstellungen Malerei und Grafik mit Werken internationaler Künstler an.
Wenigemarkt 9 • Tel.: (03 61) 5 62 49 96
**Mo.–Fr. 10–18.30 Uhr, Sa. 10–13 Uhr
sowie nach Vereinbarung**

GALERIE ROTHAMEL

Die Galerie zeigt jährlich fünf bis sechs Ausstellungen mit Malerei, Fotografie, Plastik und Grafik in Ausstellungsräumen einer früheren Druckerei.

Kleine Arche 1 a • Tel.: (03 61) 5 62 33 96
www.rothamel.de
**Di.–Fr. 15–20 Uhr, Sa. 11–16 Uhr
sowie nach Vereinbarung**

KUNSTHAUS ERFURT

Michaelisstraße 34 • Tel.: (03 61) 5 40 24 37
www.kunsthaus-erfurt.de
Di.–Fr. 12–18 Uhr

MESSE

MESSE ERFURT

Die Messe Erfurt gibt mit zentraler Lage zwei modernen Messehallen, einer Kongresshalle und dem CongressCenter Raum auf über 25.000 m^2 für ein breites Angebotsspektrum. Großzügige Parkmöglichkeiten und schnelle Verkehrsanbindungen gehören zum attraktiven Messeplatz.
Gothaer Straße 34 • Tel.: (03 61) 40 00
www.messe-erfurt.de

STADION

STEIGERWALDSTADION

Das Fußball- und Leichtathletik-Stadion im Süden Erfurts fasst etwa 20.000 Zuschauer. Der Fußball-Club Rot-Weiß Erfurt ist hier beheimatet. Seinen Namen verdankt das Stadion dem Steigerwald, der nur wenige Meter hinter der Sportstätte beginnt.
www.steigerwald-erfurt.de
www.rot-weiss-erfurt.de

AM ABEND UND IN DER NACHT

THEATER, KONZERT UND OPER

THEATER ERFURT

Das neue Theater wurde 2003 eröffnet. Es gilt als jüngster großer Theaterneubau Deutschlands und bietet an ca. 250 Abenden im Jahr Oper, Operette, Konzerte, Tanztheater und Schauspielproduktionen im Großen Saal mit 800 Plätzen und in der Studiobühne mit 200 Plätzen.
Theaterplatz • Tel.: (03 61) 2 23 31 55/6
www.theater-erfurt.de
Vorverkauf: Schlösserstraße 4
(EVAG-Center, Anger)
Mo.–Fr. 8–19 Uhr, Sa. 10–15 Uhr

NEUES SCHAUSPIEL ERFURT

Sommertheater/Barfüßerruine
Barfüßerstraße • **Tel.**: (03 61) 5 61 17 11
www.neues-schauspiel-erfurt.de
Vorverkauf: Akademische Buchhandlung Hierana • Futterstraße 12
Mo.–Fr. 9–12.30, 14–18 Uhr,
Sa. 10–13 Uhr

THEATER IN DER KAPELLE (T I K)

in der Maria-Magdalenen-Kapelle
Kleine Arche 5 • Tel.: (03 61) 55 04 99 01

◄ Szene aus Mefistofele von Arrigo Boito im Theater Erfurt

www.tik-erfurt.de
Vorverkauf: Theatercafé (Kleine Arche 5)
Mi.–Sa. 10–14 Uhr

THEATER WAIDSPEICHER/ PUPPENTHEATER ERFURT

Das Repertoire des Puppentheaters Waidspeicher bietet Produktionen für Erwachsene, Kinder und Jugendliche.
Mettengasse • Tel.: (03 61) 5 98 29 24
www.waidspeicher.de
Vorverkauf: Domplatz 18
Di.–Fr. 10–14, 15–17.30 Uhr,
Sa. 10–13 Uhr

VARIETÉ, KLEIN-KUNST, KABARETT

ALTE OPER

Die „Alte Oper" erlebte nach aufwendiger Sanierung des klassizistischen Baus 2004 ihre Wiedereröffnung und bietet als Gastspielhaus mit 970 Plätzen ein abwechslungsreiches Repertoire für Theater, Oper, Kabarett, Konzerte und Musicals. Die Ausstattung ist im Stil der 20er Jahre.
Gorkistraße 1 • Tel.: (03 61) 55 11 66
www.dasdie.de
Kartenvorverkauf: Lange Brücke 29
Feb.–Mai Mo.–Fr. 11–18 Uhr,

Jun.–Aug. Mo.–Fr. 14–18 Uhr,
Sep.–Jan. Mo.–Fr. 10–18 Uhr,
Sa. 10–13 Uhr

Dasdie Brettl

Die Kleinkunstbühne findet sich in der Altstadt. Regelmäßig finden Varieté, Kabarett und Musikveranstaltungen statt.
Lange Brücke 29 • Tel.: (03 61) 55 11 66
www.dasdie.de

Dasdie Live

Vor allem für Travestieshows, Konzerte und Comedy wird der Raum für bis zu 200 Personen genutzt.
Marstallstraße 12 • Tel.: (03 61) 55 11 66
www.dasdie.de

KABARETT „DAS LACHGESCHOSS"

„Das Lachgeschoss" im Dachgeschoss zeigt seit 2003 Kabarett. Die Schauspieler „schenken ein" – ob politisch, privat oder auch hinterm Tresen.
Futterstraße 13 • Tel.: (03 61) 6 63 58 86
www.lachgeschoss.de
Mi./Fr./Sa.

KABARETT „DIE ARCHE" IM THEATER WAIDSPEICHER

Seit 1986 hat „Die Arche" gelungene Mischungen aus politischem Kabarett und Humor sowie Musik im Obergeschoss des historischen Waidspeichers auf den Spielplan.
Mettengasse • Tel.: (03 61) 5 98 29 24
www.kabarett-diearche.de
Kartenverkauf: Domplatz 18
**Di.–Fr. 10–14, 15–17.30 Uhr,
Sa. 10–13 Uhr**

KINO

CINESTAR – DER FILMPALAST

In acht Sälen mit über 2.000 Plätzen, barrierefrei, modernste Kinotechnik.
Hirschlachufer 7 • Tel.: (03 61) 5 50 55 55
www.cinestar.de

ENGELSBURG

Filme in Originalsprache.
Allerheiligenstraße 20/21
Tel.: (03 61) 24 47 70 • www.eburg.de

KINOKLUB AM HIRSCHLACHUFER

Führt Filme „außer der Reihe" vor: Dokumentarfilme, Regieporträts, Filmreihen und gutes Kino.
Hirschlachufer 1 • Tel.: (03 61) 6 42 21 94
www.kinoklub-erfurt.de

DISKOTHEKEN UND LIVE-MUSIK

CENTRUM

Discothek, super Adresse für Nachtschwärmer und Partypeople.
Anger 7 • Tel.: (03 61) 7 89 73 88
www.centrum-club.de
Mi./Fr./Sa.

CLUB 1

Discothek, Black Beat und Techno
Steigerstrasse 18 • Tel.: (03 61) 5 40 09 54
www.clubeins.de
Mi./Fr./Sa.

CLUB 7S

Reizvoller Kontrast eines mittelalterlichen Kellergewölbes mit modernem Interieur, erlesene Cocktailkarte.
Futterstraße 13 • Tel.: (03 61) 6 54 77 99
www.club7s.de
Sa. ab 23 Uhr

ENGELSBURG

Diskotheken- und Partyabende, aber auch Kabarett- und Theateraufführungen, in romanischen Gewölben und unter uralten Holzbalken, im Sommer Biergarten mit Open-Air- und Life-Musik sowie Café Duck Dich.
Allerheiligenstraße 20/21
Tel.: (03 61) 24 47 70 • www.eburg.de

ILVERS MUSIKBAR

Live-Konzerte von Punkrock, Rock 'n' Roll über Ska, Reggae, Jazz, bis Hip-Hop und Electro. Thementage unter der Woche, sonntags „Tatort"-Gucken, Fußball-Kneipe, Tischkicker, Billard und Darts.
Magdeburger Allee 136
Tel.: (01 72) 6 99 18 24 • www.ilvers.de
Di.–Do. 17–1 Uhr, Fr./Sa. 17–3 Uhr
So. 17–1 Uhr, 1. So. im Monat ab 10 Uhr

JAZZCLUB ERFURT E. V.

Immer freitags Live-Konzerte.
Fischmarkt 13–16 • Tel.: (03 61) 6 42 26 00
www.jazzclub-erfurt.de
jeweils 20.30 Uhr

MUSEUMSKELLER

Jede Woche mehrere Live-Konzerte.
Juri-Gagarin-Ring 140 a

Tel.: (03 61) 5 62 49 94
www.museumskeller.de

MUSIKPARK ERFURT

Musik querbeet, alles, was das Herz begehrt, Disco open end.
Willy-Brandt-Platz 1
Tel.: (03 61) 5 50 40 82
www.musikpark-erfurt.de
Do./Fr./Sa. ab 22 Uhr

PRESSEKLUB

Salsa- und Popmusik-Club mit Lounge-Atmosphäre und Happy Hour.
Dalbergsweg 1 • Tel.: (03 61) 7 89 45 65
www.presseklub.net
Di.–So, 20–22 Uhr

P 33

Club, Bar, Lounge, Fr. und Sa. legen Djs auf, im Sommer mit kleinem Biergarten.
Pergamentergasse 33
Tel.: (03 61) 7 89 26 27 • www.club-p33.com
Di.–So. ab 18 Uhr, Fr./Sa.

STADTGARTEN

verschiedene kulturelle Angebote und Musik, familienfreundlicher Biergarten.
Dalbergsweg 2 a • Tel.: (03 61) 65 31 99 88
www.stadtgarten-erfurt.de

CASINO

CASINO ERFURT

Theaterplatz 2 • Tel.: (03 61) 2 19 26 30
www.spielbank-erfurt.de
täglich 13–2 Uhr

SPORT UND FUN

SCHWIMMEN

DREIENBRUNNENBAD

Durch den Luisenpark oder über die Hochheimer Straße erreicht man das malerisch gelegene Dreienbrunnenbad.
Hochheimer Straße 36 a
Tel.: (03 61) 2 25 26 97
www.erfurter-baeder.de

FREIBAD MÖBISBURG

Mühlgarten 7
99094 Erfurt-Möbisburg
Tel.: (03 61) 7 96 81 64
www.erfurter-baeder.de

NATURBAD ERFURT-KÜHNHAUSEN

Steinfeld 4
99189 Erfurt-Kühnhausen
Tel.: (03 61) 03 62 01 • 8 59 86
www.erfurtamsee.de

NORDBAD

Modernes Bad, 2.300 m² Wasserfläche, beheiztes 50-Meter-Sport-, Kleinkinder-, Flachwasser- und Sprungbecken.
Im Nordpark 1 • Tel.: (03 61) 5 64 35 32
www.erfurter-baeder.de

STRANDBAD STOTTERNHEIM

Zum Stotternheimer See 19
99195 Erfurt-Stotternheim
Tel.: (03 61) 03 62 04 • 71 99 55
 www.erfurter-baeder.de

STAUSEE HOHENFELDEN/ ERLEBNISBAD AVENIDA-THERME

Am Stausee 1, 99448 Hohenfelden
Tel.: (03 61) 03 64 50 • 4 20 81
www.stausee-hohenfelden.de

AVENIDA-THERME AM STAUSEE HOHENFELDEN

Erlebnisbad mit Innen- und Außentherme im mediterranen Ambiente, Rutschenpark, Saunawelt im Stil eines mallorquinischen Dorfes.
Am Stausee 1, 99448 Hohenfelden
Tel.: (03 61) 3 64 50 • 44 90
www.avenida-therme.de
täglich 10–23 Uhr

SÜDSCHWIMMHALLE

Johann-Sebastian-Bach-Straße 6
Tel.: (03 61) 5 64 35 30
www.erfurter-baeder.de

SCHWIMMHALLE JOHANNESPLATZ

Friedrich-Engels-Straße 50

Tel.: (03 61) 5 64 35 00

www.erfurter-baeder.de

SAUNEN

SAUNA SCHWIMMHALLE JOHANNESPLATZ

Friedrich-Engels-Straße 50

Tel.: (03 61) 5 64 35 00

www.erfurter-baeder.de

SAUNA AM HOPFENBERG

Klein, aber fein.

Humboldtstraße 21/22

Tel.: (03 61) 3 46 18 59

www.saunahopfenberg.de

SAUNA LAUTERBACH

Erfurter Straße 60

Tel.: (03 61) 73 49 59

www.sauna-lauterbach.de

SAUNA TRAUTMANN

Paulinzeller Weg 46

Tel.: (03 61) 41 39 80

www.sauna-trautmann.de

SAUNAANLAGE ZUR AUGUSTENBURG

Augustenburger Straße 7

Erfurt-Bischleben

Tel.: (03 61) 7 96 83 71

www.saunaaugustenburg.de

BOWLING, KEGELN UND BILLIARD

KILIANI BOWLING

Hugo-John Straße 10

Tel.: (03 61) 7 50 83 42

www.kilianibowl.de

Di.–Do. 17–24 Uhr, Fr. 17–1 Uhr, Sa. 15–1 Uhr, So. 14–23 Uhr

SPORTPARK ERFURT

Apoldaer Straße 20

Tel.: (03 61) 77 86 40

www.sportpark-erfurt.de

Mo.–Do. 15–23 Uhr, Fr./Sa. ab 15 Uhr, So./Feiertage 15–22 Uhr

BOWLING & KEGEL CENTRUM ALACH

Salomonsborner Straße 1

Erfurt-Alach

Tel.: (03 61) 03 62 08 • 78 90

www.bowling-erfurt.de

Mo.–Fr. ab 16 Uhr, Sa./So. ab 12 Uhr, Feiertag ab 15 Uhr

SUPERBOWL IM F1 ERFURT

Hirschlachufer 7

Tel.: (03 61) 6 02 08 70

www.superbowl-thueringen.de

Mo.–Sa. ab 15 Uhr, So. ab 10 Uhr, Feiertag ab 14 Uhr

BILLARDTREFF XXL

Leipziger Straße 18

Tel.: (03 61) 7 91 21 02

www.billardtreff-xxl.de

KULTURKALENDER

SONNTAG VOR ROSENMONTAG
NÄRRISCHES ALTSTADTFEST MIT DEM ERFURTER FESTUMZUG

Die Erfurter Karnevalsumzüge sind seit 1990 immer beliebter geworden. Etwa 100.000 Zuschauer säumen den Weg des Festzuges mit ca. 100 Wagen und etwa 3.000 Narren.

MÄRZ/APRIL
ERFURTER BACH-TAGE

Erfurt ist aufs engste mit der Bachfamilie verbunden, denn die „Bache" prägten im 17. Jahrhundert dominant das Musikleben der Stadt. Mit zahlreichen Konzerten werden die Werke der Bachfamilie gepflegt.

APRIL
ERFURTER ALTSTADTFRÜHLING

Auf dem frühlingshaft geschmückten Domplatz sorgen Schausteller und zahlreiche Stände für Unterhaltung und geben Stärkung mit Speis und Trank.

ERFURTER TÖPFERMARKT

In der historischen Altstadt bieten zwischen Wenigemarkt und Fischmarkt Töpferwerkstätten Handwerkserzeugnisse vom traditionellen bis zum modernen Design zum Verkauf.

◄ Die Domstufenfestspiele bilden einen Höhepunkt im Erfurter Kulturjahr

INFORMATIONEN
www.erfurt.de und
www.thueringer-kulturkalender.de

ERFURTER AUTOFRÜHLING

Ob Neuwagen oder alte Karosse, der Autofrühling präsentiert mit Live-Musik auf dem Domplatz alles rund ums Auto.

MAI
LANGE NACHT DER MUSEEN

Des Nachts in den zahlreichen Museen, Galerien und Kulturstätten der Stadt Kultur genießen, erfreut sich immer größerer Beliebtheit.

JUNI
KRÄMERBRÜCKENFEST

Jedes Jahr am dritten Wochenende im Juni findet das größte Altstadtfest Thüringens statt. Es bezieht seinen Namen von der einzigartigen Krämerbrücke. Sie überspannt seit 1325 mit sechs Steinbögen die Gera und ist auf beiden Seiten bebaut und bewohnt. Dabei ist

die ganze Altstadt mit ihren Plätzen und Straßen von Menschen und Musik, Gauklern und Künstlern, kulinarischen Düften und den Erzeugnissen Thüringer Handwerker und Händler erfüllt.

AUGUST
DOMSTUFEN-FESTSPIELE

Im Kulturjahr der Stadt Erfurt sind die DomStufen-Festspiele neben dem Krämerbrückenfest ein Höhepunkt. Dabei steht vor den Domstufen eine Tribüne mit ca. 1.800 Sitzplätzen. Die 70 Stufen dienen als Bühne für Musical oder Oper, „Dom und Severi-Kirche", die lichttechnisch ins Bühnenbild eingebunden werden, bilden dabei eine einmalige Kulisse.
Karten-Service: Tel.: (03 61) 2 23 31 55
www.theater-erfurt.de
täglich 10–18 Uhr

SEPTEMBER
DENKMALWOCHE UND EUROPÄISCHER TAG DES OFFENEN DENKMALS

Der mittelalterliche Stadtkern, der Dom und die St.-Severi-Kirche, die Krämerbrücke, das Augustinerkloster, die Zitadelle Petersberg und viele andere Baudenkmale sind geöffnet und werden über Führungen erläutert.

NACHT DER KIRCHEN

Der christliche Glaube prägte über Jahrhunderte die Architektur der Stadt. Nächtliche Einblicke in Kirchen gehören sicher zu den ungewöhnlichen, aber sehr reizvollen.

OKTOBER
ERFURTER OKTOBERFEST

Schausteller aus Nah und Fern verwandeln im Oktober mit modernsten und nostalgischen Fahrgeschäften den Domplatz. Natürlich wird mit zahlreichen Ständen auch für das leibliche Wohl gesorgt.

NOVEMBER
LANGE NACHT DER WISSENSCHAFTEN

In der „klügsten Nacht des Jahres" öffnen Wissenschaftler und Unternehmer die Türen von Archiven, Hörsälen, Laboren und Firmen und zeigen Wissenschaft zum Anfassen, Sehen, Hören und Begreifen.
www.wissenschaftsnacht.erfurt.de

„MARTINI" – ÖKUMENISCHES MARTINSFEST

Am 10. November wird in Erfurt „Martini" gefeiert. Jeweils am Abend des Geburtstages von Martin Luther, und dem Vorabend des „Martinstages", der zum Gedenken an den hl. Martin von Tours begangen wird, winken Tausende Kinder auf den Domstufen unter dem Klang der „Gloriosa" mit ihren Laternen „ihrem"

Martin Luther, der hier als Student und Mönch lebte, und dem hl. Martin, dem Stadtpatron zu.

20 Uhr an der Schukeorgel in der Predigerkirche.
www.kirchenmusik-erfurt.de

25. NOVEMBER–22. DEZEMBER
ERFURTER WEIHNACHTSMARKT

Immer beliebter wird der größte Weihnachtsmarkt Thüringens und einer der schönsten Deutschlands. Weit mehr als zwei Millionen Besucher strömen jedes Jahr auf den Domplatz. Über 200 Holzhäuschen bieten Weihnachtliches von herzhaft bis süß, von Glühwein bis Bratwurst und von „Erfurter Schittchen" bis Riesenrad. Der Dom und die Severi-Kirche geben diesem Weihnachtsmarkt ein unvergleichliches Flair und die ganze Altstadt liegt im Lichterglanz.

Ein Ruhepunkt der Stadt: der Predigerhof mit Blick auf die Predigerkirche

SEPTEMBER
„ERFURTER KIRCHENMUSIKTAGE"

Informationen zu dieser ökumenisch kirchenmusikalischen Konzertreihe und zur Kirchenmusik in Erfurt unter:
www.kirchenmusik-erfurt.de

DIE ORGELN DER STADT

MAI–AUGUST
„INTERNATIONALE ORGEL-KONZERTE DOM ZU ERFURT"

Diese bemerkenswerte alljährliche Konzertreihe findet im Dom St. Marien und während der Domstufenfestspiele in der Cruciskirche statt.
www.bistum-erfurt.de

MAI–SEPTEMBER
ORGELKONZERTREIHE

Renommierte Organisten des In- und Auslandes gastieren jeden Mittwoch

OKTOBER
STUDENTEN-ORGELKONZERTE

Die beiden jährlichen Studenten-Orgelkonzerte im Dom geben dem studierenden Nachwuchs die Möglichkeit zur Präsentation.

„INTERNATIONALE BACH/LISZT ORGELWETTBEWERB ERFURT-WEIMAR-MERSEBURG"

Ein weiterer Höhepunkt! Informationen im Internet:
www.erfurt-weimar-merseburg.de

INFORMATIONS-ABC

ANREISE

Mit dem Auto: Das Autobahnkreuz Erfurt bindet die Landeshauptstadt in die Ost-West-Achse der Autobahn A 4 (Bad Hersfeld–Görlitz) ein. An die Nord-Süd-Achse ist Erfurt über die A 71 (Erfurt–Schweinfurt) angeschlossen, die in Schweinfurt auf die A 7 führt (Kassel–Würzburg–Ulm). Die Stadt erreicht man über die Bundesstraßen B 4 und B 7.

Mit der Bahn: Im Stadtzentrum am Rand der Altstadt liegt der Erfurter Hauptbahnhof. In Erfurt kreuzen sich wichtige ICE- und IC-Hauptverbindungen (Frankfurt/Main–Erfurt– Halle/Leip-zig–Dresden und Berlin sowie Ruhrgebiet–Kassel–Erfurt–Chemnitz).

Weitere Strecken verbinden Erfurt mit Magdeburg (über Sangerhausen), Nordhausen, Bad Langensalza, Saalfeld und Meiningen/Schweinfurt.

Direkt am Hauptbahnhof ist der Umstieg in die wichtigsten Stadtbahn- und Stadtbuslinien sowie zu den Regionalbussen möglich. Taxen stehen ebenso direkt vor dem Bahnhof in ausreichender Zahl zur Verfügung.

www.bahn.de

Automatische Fahrplanauskunft:

Tel.: (08 00) 1 50 70 90

DB-Service-Nummer:

Tel.: (01 80) 5 99 66 33

Empfangsgebäude des Hauptbahnhofes (1893 vollendet), im Hintergrund die Halle des neuen ICE-Bahnhofes (Dezember 2008 vollendet)

Mit dem Flugzeug: Der Erfurter Flughafen ist verkehrstechnisch hervorragend angebunden. Die Stadtbahn Linie 4 hält direkt am Terminal. Autobahnen und Bundesstraßen sind schnellstens erreichbar. Das Parkhaus des Flugplatzes ist nur wenige Schritte entfernt und ein Parkplatz befindet sich direkt gegenüber vom Terminal.

Linienflüge verbinden Erfurt innerdeutsch mit Hamburg, Nürnberg, München und Düsseldorf und europäisch mit zahlreichen Städten, wie z. B. Lissabon, Moskau, Birmingham und Athen.
www.flughafen-erfurt.de

APOTHEKEN-NOTDIENST

Tel.: (08 00) 2 28 22 80 (kostenfrei)

FAHRRADVERLEIH

NEXT BIKE
Öffentliches Fahrradverleihnetz
Tel.: (0 30) 69 20 50 46 • www.nextbike.de

RADHAUS AM DOM
Andreasstraße 28
Tel.: (03 61) 6 02 06 40
www.radhaus-erfurt.de

RADHAUS AM HAUPTBAHNHOF
Bahnhofstraße 22
Tel.: (03 61) 6 44 15 06

INFORMATIONS-STELLEN

FUNDBÜRO ERFURT
Friedrich-Engels-Straße 27 a
www.erfurt.de

STADTPLAN ERFURT
http://stadtplan.erfurt.de

ERFURT-TOURIST-INFORMATION
Benediktsplatz 1 • Tel.: (03 61) 6 64 00
www.erfurt-tourismus.de
**Apr.–Dez. Mo.–Fr. 10–19 Uhr,
Sa. 10–18 Uhr, So. 10–16 Uhr,
Jan.–März Mo.–Sa. 10–18 Uhr,
So. 10–16 Uhr**

KRANKENHÄUSER

HELIOS KLINIKUM
Nordhäuser Straße 74 • Tel.: (03 61) 7 81-0
www.helios-kliniken.de/klinik/erfurt

KATHOLISCHES KRANKENHAUS
Haarbergstraße 72 • Tel.: (03 61) 6 54-0
www.kkh-erfurt.de

NOTRUF

Feuerwehr/Rettungsdienst: 1 12
Polizei: 1 10
ADAC: (01 80) 2 22 22 22

Giftnotruf Erfurt: (03 61) 73 07 30
Kassenärztlicher Notfalldienst:
(03 61) 7 81 48 33/4
Notfallambulanz/Klinikum:
Nordhäuser Straße 74
Zahnärztlicher Notdienst:
(03 61) 6 76 73 00
Telefon-Seelsorge: (03 61) 5 62 16 20

ÖFFENTLICHER NAHVERKEHR

ERFURTER VERKEHRS-BETRIEBE AG (EVAG)
Kundenservice: SWE EVAG-Center am
Anger, Schlösserstraße 4
Tel.: (03 61) 1 94 49 • www.evag-erfurt.de
Mo.–Fr. 7–19 Uhr, Sa. 10–15 Uhr

PARK AND RIDE

Auf sieben P+R-Anlagen am Rand der
Stadt bieten über 1.200 kostenlose Stell-
plätze den Umstieg in die Stadtbahn, die
schnell zum Zentrum befördert.
www.erfurt.de

PARKEN

Erfurt verfügt über 3.000 Parkplätze am
Rand der verkehrsberuhigten Innenstadt. Die Parkhäuser sind über ein dy-
namisches Parkleitsystem verknüpft und
lenken zum nächsten freien Stellplatz.

ANGER 1
1. und 2. Stunde je 0,80 €, jede weitere
Stunde 1 €
Fleischgasse
(Einkaufsgalerie „Anger 1")
Mo.–Fr. 7.30–22 Uhr,
Sa. 7.30–21 Uhr, So. 9–20 Uhr

DOMPLATZ
1. Stunde 0,80 €, 2. Stunde 1,20 €, jede
weitere Stunde 1,40 €.
GutenAbend.Parken für 2 € von
18–7 Uhr, Tages-Parken 6 €
Bechtheimer Straße 1
(unter dem Petersberg)
Mo.–Sa. 7–22 Uhr, So 9–22 Uhr

FORUM I
1. und 2. halbe Stunde je 0,50 €, jede
weitere Stunde 1 €
Lachsgasse
(im Entertainmentcenter „F1")
Mo.–Sa. 7.30–23 Uhr, So. 9–23 Uhr

FORUM II+III
1. und 2. halbe Stunde je 0,50 €; jede
weitere Stunde 1 €
Hirschlachufer 7/8 (Nähe Anger)
Mo.–Sa. 7.30–21 Uhr, So. 9–21 Uhr

HAUPTBAHNHOF
15 min gebührenfrei, 1. und 2. halbe
Stunde je 0,70 €, 2. Stunde 1,10 €; jede
weitere Stunde 1 €. GutenAbend.Parken
für 2 € von 18–7 Uhr; Tages-Parken 5 €
Willy-Brandt-Platz 2
(unter dem Bahnhofsvorplatz)
durchgehend geöffnet

POLIZEI

POLIZEISTATION DOMPLATZWACHE
Andreasstraße 38 • Tel.: (03 61) 66 20

POLIZEIDIREKTION ERFURT-NORD
August-Schleicher-Straße 1
Tel.: (03 61) 7 84 00

POLIZEIINSPEKTION ERFURT-SÜD
Christian-Kittel-Straße 12
Tel.: (03 61) 7 44 30

POSTFILIALEN

HAUPTPOST
Anger 66–73
Mo.–Fr. 9–19 Uhr, Sa. 9–13 Uhr

POSTFILIALE
Willy-Brandt-Platz 4
Mo.–Fr. 6–18 Uhr, Sa. 8–14 Uhr

SERVICE-NUMMERN

Straßenbahn/Bus: (03 61) 1 94 49
Deutsche Bahn: (03 61) 5 99 66 33
Deutsche Post AG: (03 61) 2 33 33
(6 Cent je Anruf aus den dt. Festnetzen;
ggf. abweichende Mobilfunktarife)
Taxi: (03 61) 5 55 55 • 66 66 66
www.dascitytaxi.de

SOUVENIRS

ERFURT-TOURIST-INFORMATION
Benediktsplatz 1 • www.erfurt-tourismus.de

ROTSTERN CONFISERIE
Fischmarkt 12 • www.rotstern.de

THÜRINGER SPEZIALITÄTEN
Krämerbrücke 19
www.thueringer-spezialitäten.de

APIS COLORI
Pergamentergasse 5 • www.apiscolori.com

DÜRERHAUS
Schlösserstraße 38

BORN-SENF-MUSEUM
Wenigemarkt 11 • www.born-feinkost.de

SPIELPLÄTZE

SPIELPLATZ GOTTHARDT-STRASSE/ECKE HORNGASSE
(hinter der Krämerbrücke)
direkt am Spielplatz Café „Füchsen"
Hütergasse 13 • Tel.: (03 61) 6 44 14 48
täglich 10–24 Uhr

HIRSCHGARTEN
Parkduo, bestehend aus Rasenfläche,
Springbrunnen, Stadtplatz unter Bäu-
men und modernen Spielgeräten. An-
grenzend Café „Wildfang"
Eichenstraße 7 • Tel.: (03 61) 55 37 05 91
Mo.–Fr. ab 9 Uhr, Sa./So. ab 10 Uhr

EGAPARK ERFURT

Gothaer Straße 38 • Tel.: (03 61) 5 64 37 37
www.egapark-erfurt.de

TELEFON

Vorwahl nach Erfurt: 03 61
Vorwahl nach Erfurt aus dem Ausland:
00 49 + (3 61)
Inlandauskunft: 1 18 33
Auslandauskunft: 1 18 34

ZEITUNG

Die Tageszeitungen *Thüringer Allgemeine*
und *Thüringer Landeszeitung* informieren
mit ihrem Regionalteil für Erfurt zu wichtigen Terminen und aktuellem Stadtge-
schehen. Die Magazine liegen in vielen
Kultureinrichtungen und Gaststätten aus.

THÜRINGER ALLGEMEINE

www.thueringer-allgemeine.de

THÜRINGER LANDESZEITUNG

www.tlz.de

ERFURT-MAGAZIN

Offizieller monatlicher Veranstaltungs-
kalender für Erfurt
www.erfurt-magazin.info

DATES

Das Erfurter Stadtmagazin
www.bewegungsmelder.de/erfurt

ZIMMER-
VERMITTLUNG

ERFURT-TOURIST-
INFORMATION

Benediktsplatz 1
Tel.: (03 61) 66 40-110 • Fax: 66 40-280
www.erfurt-tourismus.de
zimmer@erfurt-tourismus.de
Öffnungszeiten → Erfurt-Tourist-
Information   S. 145

Spielplatz Gotthardtstraße/Ecke Horngasse

REGISTER

ABBILDUNGSNACHWEIS

Marco Barnebeck/PIXELIO: S. 112

Matthias Behne: S. 126

André Brosowski: S. 2, 4 (Krämerbrücke), 9, 54

Castillo Catalana: S. 117

Lutz Edelhoff: S. 134, 140

egapark Erfurt: S. 4, 89, 91

Fotolia – Feng Yu: S. 119

Fotolia – Jürgen Rudorf: S. 5 (Fische)

Fotolia – Zimmytws: S. 124

Angela Huth/PIXELIO: S. 122

Katholisches Pfarramt St. Nicolai und Jacobi: S. 67

Ingrid Kranz/PIXELIO: S. 45

Karl Heinz Laube/PIXELIO: S. 128

Gregor Peda: S. 18

Michael Sander: S. 21 (Quelle: http://bit.ly/aIDxEB), 27 (http://bit.ly/bqUKWB), 58 (http://bit.ly/9jU5Yw), Lizenz: Creative Commons by-sa 3.0 Unported (http://bit.ly/wp-ccbysa)

Andreas Schareck: S. 1, 4 (Dom, Augustinerkloster), 5 (Predigerkirche, Michaelisstraße), 6, 7, 11 12, 15, 17, 22, 25, 26, 28, 30, 38, 40, 43, 46, 48, 51, 53, 56, 68, 71, 73, 75, 76, 78, 80, 81, 82, 83, 85, 87, 93, 94, 111, 138, 141, 142, 143, 144, 148

Archiv Schareck: S. 96, 101, 103, 104, 109

Ulrich Seidel: S. 5 (Carillon)

Stadtarchiv Erfurt: S. 95, 100, 102

Störfix: S. 5 (Lange Brücke, Quelle: http://bit.ly/9mlX8Q), Lizenz: Creative Commons by-sa 3.0 Unported (http://bit.ly/wp-ccbysa)

Thüringisches Landesamt für Denkmalpflege und Archäologie: S. 4 (Hochzeitsring), 59

Waldhaus: S. 121

Wikimedia Commons: S. 37, 55, 62, 110

Kartenmaterial auf Umschlagklappe und Seiten 10, 42, 70 mit freundlicher Genehmigung des Amts für Geoinformation und Bodenordnung

Liniennetzplan auf Umschlagklappe mit freundlicher Genehmigung der EVAG

Cover: Dom St. Marien (Foto: Fotolia – makuba)

Umschlagfotos hinten: Krämerbrücke (Foto: André Brosowski); Annemonenfisch (Foto: Jürgen Rudorf); Anger (Foto: Andreas Schareck)

DANKESCHÖN

Autor und Verlag bedanken sich bei allen Personen und Institutionen, die den Stadtführer unterstützt bzw. ermöglicht haben, insbesondere bei Sabine Hahnel und Erdmute Hufenreuter.

ANDREAS SCHARECK,
Jahrgang 1957, Theologiestudium in Erfurt. Er arbeitet als freier Dozent und aus
Zuneigung zur Stadt Erfurt als Stadtführer und Studienreisebegleiter.

Der Verlag und der Autor freuen sich über Ihre Hinweise:
info@mitteldeutscherverlag.de oder as.schareck@web.de

Haftungsausschluss
Die Angaben in diesem Reiseführer wurden gewissenhaft überprüft. Für die Aktuali-
tät, Korrektheit und Vollständigkeit übernimmt der Autor keine Haftung.
Der Autor distanziert sich aus rechtlichen Gründen von allen Inhalten der aufgeführ-
ten Internetseiten. Auf aktuelle und zukünftige Gestaltung, die Inhalte oder Urheber-
schaft der angeführten Internetseiten hat der Autor keinen Einfluss.

Redaktionsschluss: Juni 2010

2010
© mdv Mitteldeutscher Verlag GmbH, Halle (Saale)
www.mitteldeutscherverlag.de

Gesamtherstellung: Mitteldeutscher Verlag, Halle (Saale)

ISBN 978-3-89812-643-4

Printed in the EU